Arthur Sass

**Die Phanerogamen - Flora Oesels und der benachbarten Eilande**

und Beitrag zur Flora der Insel Runoe

Arthur Sass

**Die Phanerogamen - Flora Oesels und der benachbarten Eilande**
*und Beitrag zur Flora der Insel Runoe*

ISBN/EAN: 9783744610094

Hergestellt in Europa, USA, Kanada, Australien, Japan

Cover: Foto ©berggeist007 / pixelio.de

Weitere Bücher finden Sie auf **www.hansebooks.com**

# Die Phanerogamen-Flora

## Oesels und der benachbarten Eilande

### und

# Beitrag

## zur Flora der Insel Runoe.

Von

*Dr. Arthur Baron v. Sass.*

---

Aus dem Archiv für die Naturkunde Liv-, Ehst- und Kurlands, *zweiter* Serie, Bd. II. (pag. 575–656) besonders abgedruckt.

---

DORPAT, 1860.

Druck von Heinrich Laakmann.

Der Druck wird unter der Bedingung gestattet, dass, nach Beendigung desselben, der Abgetheilten Censur in Dorpat die vorschriftmässige Anzahl Exemplare zugestellt werde.

Dorpat, den 12. Nov. 1860.

Abgetheilter Censor **de la Croix**.

(Nr. 192.)

Die nachstehende Arbeit bezweckt die Flora der Insel Oesell in ihrem Verhältniss zu den Nachbarfloren festzustellen, worauf noch eine systematisch geordnete Uebersicht der auf der Insel wildwachsenden phanerogamischen Gewächse folgen soll.

Wenn wir der Eintheilung Schouw's folgen, so gehört Oesell in pflanzengeographischer Beziehung in das Reich der **Umbellaten** und **Cruciferen**, und zwar genauer in die Provinz der **Cichoriaceen**[1]). Nach Römer gehört Oesell ins **nordische Reich**[2]).

Um das Verhältniss der Flora Oesell's zu den benachbarten Ländern genau festzustellen, erschien es mir zweckmässig Tabellen aufzustellen, welche in genauen Zahlen dieses Verhältniss ausdrücken. Sie sollen uns zeigen, wie die Flora Oesells sich zu der des **silurischen Gebietes von Ehstland und Nord-Livland**[3]), so wie zu der des westlich

---

[1]) Grundzüge der allgemeinen Pflanzengeographie von Dr. Joakim Frederik Schouw. 1823, S. 509 ff.

[2]) Geographie und Geschichte der Pflanzen von Römer. 1841. S. 37.

[3]) Fr. Schmidt: Flora des silurischen Bodens von Ehstland, Nord-Livland und Oesel.

gelegenen Schwedens[4]), der von ganz Russland[5]) und endlich der der ganzen Ostseeprovinzen, Liv-, Ehst- und Kurlands[6]), verhält.

| Familie. | Anzahl der Pflanzenarten in den Familien. | | | | | Verhältnisszahlen, die Anzahl auf Oesell = 1 angenommen. | | | | Procente d. Gesammtzahl d.Pflanzenarten auf Oesell. |
|---|---|---|---|---|---|---|---|---|---|---|
| | Oesell. | Silur.Bod.v.Ehstl., Nord-Livl.u.Oesell. | Ostseeprovinzen | Scandinavien. | Ganz Russland. | Silur.Bod.v. Ehstl., Nord-Livl. u.Oesell. | Ostseeprovinzen | Scandinavien. | Ganz Russland. | |
| Ranunculaceae | 27 | 33 | 38 | 61 | 245 | 1,27 | 1,41 | 2,07 | 9,33 | 3,59 |
| Berberideae | 1 | 1 | 1 | 1 | 10 | 1 | 1 | 1 | 10 | 0,13 |
| Nymphaeaceae | 2 | 2 | 4 | 3 | 8 | 1 | 2 | 1,5 | 4 | 0,27 |
| Papaveraceae | 3 | 3 | 3 | 7 | 23 | 1 | 1 | 2,33 | 7,67 | 0,40 |
| Fumariaceae | 2 | 3 | 5 | 10 | 36 | 1,5 | 2,5 | 5 | 18 | 0,27 |
| Cruciferae | 40 | 48 | 63 | 83 | 430 | 1,2 | 1,57 | 2,07 | 10,75 | 5,32 |
| Cistineae | 1 | 1 | 1 | 3 | 10 | 1 | 1 | 3 | 10 | 0,13 |
| Violarieae | 14 | 14 | 14 | 18 | 40 | 1 | 1 | 1,28 | 2,86 | 1,86 |
| Droseraceae | 3 | 4 | 4 | 4 | 9 | 1 | 1,33 | 1,33 | 3 | 0,40 |
| Polygaleae | 3 | 3 | 3 | 3 | 8 | 1 | 1 | 1 | 2,67 | 0,40 |
| Sileneae | 11 | 15 | 15 | 28 | 158 | 1,36 | 1,36 | 2,55 | 14,36 | 1,46 |
| Alsineae | 17 | 18 | 23 | 46 | 126 | 1,06 | 1,35 | 2,12 | 7,41 | 2,26 |
| Lineae | 1 | 1 | 2 | 3 | 20 | 1 | 2 | 3 | 20 | 0,13 |
| Malvaceae | 3 | 4 | 4 | 7 | 28 | 1,33 | 1,33 | 2,33 | 9,33 | 0,40 |
| Tiliaceae | 1 | 1 | 1 | 3 | 6 | 1 | 1 | 3 | 6 | 0,13 |
| Hypericineae | 3 | 4 | 3 | 7 | 25 | 1,33 | 1 | 2,33 | 8,33 | 0,40 |
| Acerineae | 1 | 1 | 1 | 4 | 8 | 1 | 1 | 4 | 8 | 0,13 |
| Geraniaceae | 9 | 9 | 13 | 17 | 54 | 1 | 1,44 | 1,89 | 6 | 1,20 |
| Oxalideae | 1 | 1 | 1 | 3 | 2 | 1 | 1 | 3 | 2 | 0,13 |
| Rhamneae | 2 | 2 | 2 | 4 | 14 | 1 | 1 | 2 | 7 | 0,27 |
| Papilionaceae | 33 | 39 | 39 | 79 | 572 | 1,18 | 1,18 | 2,39 | 17,33 | 4,39 |
| Amygdaleae | 2 | 2 | 2 | 5 | 18 | 1 | 1 | 2,5 | 8 | 0,27 |
| Rosaceae | 23 | 30 | 32 | 74 | 157 | 1,30 | 1,39 | 3,22 | 6,83 | 3,06 |
| Pomaceae | 5 | 5 | 7 | 10 | 42 | 1 | 1,4 | 2 | 8,4 | 0,66 |
| Oenotheraceae | 6 | 8 | 11 | 18 | 23 | 1,33 | 1,83 | 3 | 3,38 | 0,80 |
| Halorhageae | 3 | 3 | 3 | 4 | 3 | 1 | 1 | 1,33 | 1 | 0,40 |

4) Fries: Summa vegetabilium Scandinaviae.
5) Ledebour: Flora Rossica. 1842 — 1853.
6) Flora von Ehst-, Liv- und Kurland von Dr. Joh. Gottlieb Fleischer. 2. vermehrte Auflage von Prof. Dr. Al. Bunge.

| Familie | Oesell | Silur.Bod.v.Ehstl., Nord-Livl.u.Oesell. | Ostseeprovinzen | Scandinavien | Ganz Russland | Silur.Bod.v.Ehstl., Nord-Livl.u.Oesell. | Ostseeprovinzen | Scandinavien | Ganz Russland | Procente d. Gesammtzahl d.Pflanzenarten auf Oesell |
|---|---|---|---|---|---|---|---|---|---|---|
| \multicolumn{6}{l}{Anzahl der Pflanzenarten in den Familien.} | \multicolumn{4}{l}{Verhältnisszahlen, die Anzahl auf Oesell = 1 angenommen.} | |
| Callitrichineae | 1 | 1 | 4 | 4 | 5 | 1 | 4 | 4 | 5 | 0,13 |
| Lythrarieae | 1 | 2 | 2 | 2 | 15 | 2 | 2 | 2 | 15 | 0,13 |
| Scleranthaceae | 2 | 2 | 2 | 2 | 2 | 1 | 1 | 1 | 1 | 0,27 |
| Paronychiaceae | 4 | 4 | 4 | 4 | 17 | 1 | 1 | 1 | 4,25 | 0,53 |
| Crassulaceae | 2 | 5 | 6 | 13 | 59 | 2,5 | 3 | 6,5 | 29,5 | 0,27 |
| Grossulariaceae | 3 | 4 | 4 | 4 | 18 | 1,33 | 1,33 | 1,33 | 6 | 0,40 |
| Saxifragaceae | 2 | 5 | 5 | 16 | 70 | 2,5 | 2,5 | 8 | 45 | 0,27 |
| Umbelliferae | 23 | 26 | 32 | 54 | 330 | 1,13 | 1,39 | 2,35 | 14,35 | 3,06 |
| Araliaceae | 1 | 1 | 1 | 1 | 2 | 1 | 1 | 1 | 2 | 0,13 |
| Corneae | 1 | 2 | 2 | 2 | 6 | 2 | 2 | 2 | 6 | 0,13 |
| Caprifoliaceae | 3 | 5 | 6 | 3 | 23 | 1,67 | 2 | 1 | 7,67 | 0,40 |
| Rubiaceae | 8 | 9 | 9 | 17 | 77 | 1,12 | 1,12 | 2,12 | 9,62 | 1,06 |
| Valerianeae | 2 | 2 | 2 | 5 | 41 | 1 | 1 | 2,5 | 2,5 | 0,27 |
| Dipsaceae | 3 | 3 | 3 | 6 | 36 | 1 | 1 | 2 | 12 | 0,40 |
| Compositae | 70 | 79 | 98 | 161 | 888 | 1,14 | 1,4 | 2,3 | 12,68 | 9,31 |
| Campanulaceae | 9 | 10 | 10 | 14 | 66 | 1,11 | 1,11 | 1,55 | 7,33 | 1,20 |
| Vaccineae | 4 | 4 | 4 | 4 | 11 | 1 | 1 | 1 | 2,75 | 0,53 |
| Ericaceae | 4 | 6 | 6 | 13 | 36 | 1,5 | 1,5 | 3,25 | 9 | 0,53 |
| Pyrolaceae | 6 | 7 | 7 | 7 | 7 | 1,17 | 1,17 | 1,17 | 1,17 | 0,80 |
| Monotropeae | 2 | 2 | 2 | 2 | 2 | 1 | 1 | 1 | 1 | 0,27 |
| Lentibularieae | 4 | 4 | 5 | 8 | 10 | 1 | 1,25 | 2 | 2,5 | 0,53 |
| Primulaceae | 10 | 11 | 12 | 20 | 47 | 1,1 | 1,2 | 2 | 4,7 | 0,33 |
| Oleineae | 1 | 1 | 1 | 3 | 8 | 1 | 1 | 3 | 8 | 0,13 |
| Asclepiadeae | 1 | 1 | 1 | 2 | 7 | 1 | 1 | 2 | 7 | 0,13 |
| Gentianeae | 6 | 6 | 9 | 13 | 62 | 1 | 1,5 | 2,17 | 10,33 | 0,80 |
| Convolvulaceae | 3 | 3 | 3 | 6 | 21 | 1 | 1 | 2 | 7 | 0,40 |
| Borragineae | 15 | 15 | 18 | 22 | 190 | 1 | 1,2 | 1,4 | 12,67 | 1,99 |
| Solanaceae | 3 | 4 | 4 | 6 | 21 | 1,33 | 1,33 | 2 | 7 | 0,40 |
| Scrophulariaceae | 28 | 30 | 37 | 58 | 224 | 1,07 | 1,32 | 2,07 | 8 | 3,72 |
| Orobancheae | 2 | 2 | 3 | 6 | 24 | 1 | 1,5 | 3 | 22 | 0,27 |
| Labiatae | 27 | 33 | 34 | 54 | 226 | 1,22 | 1,26 | 2 | 8,37 | 3,59 |
| Plantagineae | 4 | 4 | 4 | 7 | 28 | 1 | 1 | 1,85 | 7 | 0,53 |
| Chenopodeae | 15 | 16 | 18 | 28 | 76 | 1,07 | 1,2 | 1,2 | 5,07 | 1,99 |
| Polygoneae | 14 | 18 | 20 | 32 | 88 | 1,28 | 1,43 | 2,28 | 6,28 | 1,86 |
| Thymeleae | 1 | 1 | 1 | 1 | 15 | 1 | 1 | 1 | 15 | 0,13 |
| Empetreae | 1 | 1 | 1 | 1 | 1 | 1 | 1 | 1 | 1 | 0,13 |
| Euphorbiaceae | 3 | 5 | 7 | 1 | 76 | 1,07 | 2,33 | 2,67 | 25,33 | 0,40 |
| Urticaceae | 3 | 3 | 3 | 4 | 9 | 1 | 1 | 1,33 | 3 | 0,40 |

| Familie. | Anzahl der Pflanzenarten in den Familien. | | | | Verhältnisszahlen, die Anzahl auf Oesell = 1 angenommen. | | | | Procente d. Gesammtzahl d. Pflanzenarten auf Oesell. |
|---|---|---|---|---|---|---|---|---|---|
| | Oesell. | Silur.Bod.v.Ehstl., Nord-Livl. u.Oesell. | Ostseeprovinzen | Scandinavien. | Ganz Russland. | Silur.Bod.v.Ehstl., Nord-Livl. u.Oesell. | Ostseeprovinzen | Scandinavien. | Ganz Russland. | |
| Ulmaceae | 2 | 2 | 2 | 3 | 4 | 1 | 1 | 1,5 | 2 | 0,27 |
| Cupuliferae | 2 | 2 | 2 | 4 | 12 | 1 | 1 | 2 | 6 | 0,27 |
| Betulaceae | 5 | 6 | 6 | 7 | 16 | 1,2 | 1,2 | 1,4 | 3,2 | 0,66 |
| Salicineae | 13 | 18 | 24 | 50 | 72 | 1,38 | 1,85 | 3,85 | 5,54 | 1,72 |
| Myricaceae | 1 | 1 | 1 | 1 | 1 | 1 | 1 | 1 | 1 | 0,13 |
| Coniferae | 4 | 4 | 4 | 6 | 27 | 1 | 1 | 1,5 | 6,85 | 0,53 |
| Hydrocharideae | 1 | 2 | 2 | 2 | 4 | 2 | 2 | 2 | 4 | 0,13 |
| Alismaceae | 1 | 2 | 3 | 4 | 7 | 2 | 3 | 4 | 7 | 0,13 |
| Butomeae | 1 | 1 | 1 | 1 | 1 | 1 | 1 | 1 | 1 | 0,13 |
| Juncagineae | 3 | 3 | 3 | 3 | 5 | 1 | 1 | 1 | 1,67 | 0,40 |
| Potameae | 13 | 19 | 15 | 30 | 28 | 1,46 | 1,53 | 2,31 | 2,15 | 1,72 |
| Najadeae | 2 | 2 | 2 | 3 | 4 | 1 | 1 | 1,5 | 2 | 0,27 |
| Lemnaceae | 3 | 4 | 4 | 4 | 4 | 1,33 | 1,33 | 1,33 | 1,33 | 0,40 |
| Typhaceae | 4 | 5 | 5 | 6 | 8 | 1,25 | 1,25 | 1,5 | 2 | 0.66 |
| Aroideae | 2 | 2 | 2 | 3 | 8 | 1 | 1 | 1,5 | 4 | 0,27 |
| Orchideae | 27 | 30 | 30 | 43 | 109 | 1,11 | 1,11 | 1,59 | 4.04 | 3,59 |
| Irideae | 1 | 3 | 3 | 4 | 51 | 3 | 3 | 4 | 51 | 0,13 |
| Smilacineae | 5 | 5 | 6 | 6 | 25 | 1 | 1,2 | 1,2 | 5 | 0,66 |
| Asparageae | 1 | 1 | 1 | 1 | 7 | 1 | 1 | 1 | 7 | 0,13 |
| Liliaceae | 6 | 9 | 10 | 25 | 161 | 1,5 | 1,67 | 4,17 | 26,83 | 0,80 |
| Colchicaceae | 1 | 1 | 1 | 2 | 22 | 1 | 1 | 2 | 22 | 0,13 |
| Juncaceae | 12 | 12 | 18 | 35 | 30 | 1 | 1,5 | 2,92 | 2,5 | 1,59 |
| Cyperaceae | 68 | 78 | 78 | 144 | 199 | 1,15 | 1,15 | 2,12 | 2,93 | 0,04 |
| Gramineae | 66 | 73 | 86 | 141 | 358 | 1,11 | 1,30 | 2,14 | 5,42 | 8,77 |

Nach Artenzahl stehen die Familien in folgender Weise:

| Name der Familie. | Anzahl der Species. | Name der Familie. | Anzahl der Species. | Name der Familie. | Anzahl der Species. |
|---|---|---|---|---|---|
| 1. Compositae | 70 | 31. Smilacineae | 5 | 61. Valerianeae | |
| 2. Cyperaceae | 68 | 32. Paronychiac. | | 62. Monotropeae | |
| 3. Gramineae | 66 | 33. Vaccineae | | 63. Orobancheae | |
| 4. Cruciferae | 40 | 34. Ericaceae | | 64. Ulmaceae | 2 |
| 5. Papilionaceae | 33 | 35. Lentibular. | 4 | 65. Cupuliferae | |
| 6. Scrophulariac. | 28 | 36. Plantagineae | | 66. Najadeae | |
| 7. Ranunculac. | | 37. Coniferae | | 67. Aroideae | |
| 8. Labiatae | 27 | 38. Typhaceae | | 68. Berberideae | |
| 9. Orchideae | | 39. Papaveraceae | | 69. Cistineae | |
| 10. Rosaceae | 23 | 40. Droseraceae | | 70. Lineae | |
| 11. Umbelliferae | | 41. Polygaleae | | 71. Tiliaceae | |
| 12. Alsineae | 17 | 42. Malvaceae | | 72. Acerineae | |
| 13. Borragineae | 15 | 43. Hypericineae | | 73. Oxalideae | |
| 14. Chenopodeae | | 44. Halorhageae | | 74. Callitrichin. | |
| 15. Violarieae | 14 | 45. Grossulariac. | | 75. Lythrarieae | |
| 16. Polygoneae | | 46. Caprifoliac. | 3 | 76. Araliaceae | |
| 17. Salicineae | 13 | 47. Dipsaceae | | 77. Corneae | |
| 18. Potameae | | 48. Convolvulac. | | 78. Oleineae | 1 |
| 19. Juncaceae | 12 | 49. Solanaceae | | 79. Asclepiadeae | |
| 20. Sileneae | 11 | 50. Euphorbiac. | | 80. Thymeleae | |
| 21. Primulaceae | 10 | 51. Urticaceae | | 81. Empetreae | |
| 22. Geraniaceae | 9 | 52. Juncagineae | | 92. Myricaceae | |
| 23. Campanulac. | | 53. Lemnaceae | | 83. Hydrocharid. | |
| 24. Rubiaceae | 8 | 54. Nymphaeac. | | 84. Alismaceae | |
| 25. Oenotherac. | | 55. Fumariaceae | | 85. Butomeae | |
| 26. Pyrolaceae | 6 | 56. Rhamneae | | 86. Irideae | |
| 27. Gentianeae | | 57. Amygdaleae | 2 | 87. Asparageae | |
| 28. Liliaceae | | 58. Scleranthae. | | 88. Colchicaceae | |
| 29. Pomaceae | 5 | 59. Crassulaceae | | | |
| 30. Betulaceae | | 60. Saxifragac. | | | |

Die folgende Uebersicht soll uns die Pflanzen in Bezug auf ihren Standort gruppiren:

## 1. Laubwald.

1. Ranunculaceae: *Thalictrum flavum* L., *Anemone nemorosa* L., *A. ranunculoides* L., *Hepatica triloba* Chaix., *Ranunculus cassubicus* L., *R. polyanthemos* L., *R. nemorosus* DC., *Ficaria ranunculoides* Mönch, *Aquilegia vulgaris* L., *Actaea spicata* L.
2. Fumariaceae: *Corydalis solida* Smith.
3. Cruciferae: *Dentaria bulbifera* L.
4. Violarieae: *Viola hirta* L., *V. mirabilis* L., *V. persicifolia* Schkuhr, *V. elatior* Fr., *V. stagnina* Kit., *V. stricta* Hornem., *V. silvestris* Lam.
5. Sileneae: *Silene inflata* Sm., *S. noctiflora* L., *S. nutans* L., *Melandryum sylvestre* Röhl., *Lychnis Flos-Cuculi* L.
6. Alsineae: *Moehringia trinervis* L., *Stellaria nemorum* L., *St. glauca* With., *St. crassifolia* Ehrh.
7. Tiliaceae: *Tilia parvifolia* Ehrh.
8. Acerineae: *Acer platanoides* L.
9. Geraniaceae: *Geranium silvaticum* L., *G. pusillum* L., *G. molle* L.
10. Oxalideae: *Oxalis Acetosella* L.
11. Rhamneae: *Rhamnus cathartica* L., *R. Frangula* L.
12. Papilionaceae: *Trifolium alpestre* L., *Astragalus hypoglottis* L., *A. glycyphyllos* L., *Vicia Cracca* L., *Ervum silvaticum* Peterm., *E. cassubicum* Peterm., *Lathyrus silvestris* L., *L. palustris* L., *Orobus vernus* L., *O. niger* L.
13. Amygdaleae: *Prunus spinosa* L., *P. Padus* L.
14. Rosaceae: *Spiraea Ulmaria* L., *Potentilla Tormentilla* Sibth., *P. reptans* L., *Rubus idaeus* L., *Rosa cinnamomea* L., *R. mollissima* Fr.

15. Pomaceae: *Crataegus monogyna* Jacq., *Cotoneaster vulgaris* Lindl., *Pyrus Malus* L.,' *Sorbus scandica* Fr., *S. aucuparia* L.
16. Oenotheraceae: *Epilobium montanum* L., *Circaea alpina* L.
17. Grossulariaceae: *Ribes alpinum* L., *R. nigrum* L., *R. rubrum* L.
18. Umbelliferae: *Sanicula europaea* L., *Aegopodium Podagraria* L., *Pimpinella magna* L., *Sium latifolium* L., *Aethusa Cynapium* L., *Selinum Carvifolium* L., *Angelica silvestris* L., *Archangelica officinalis* Hoffm., *Heracleum sibiricum* L., *Laserpitium latifolium* L., *Daucus Carota* L., *Torilis Anthriscus* L., *Anthriscus silvestris* L., *Myrrhis odorata* Scop.
19. Corneae: *Cornus sanguinea* L.
20. Caprifoliaceae: *Adoxa moschatellina* L., *Viburnum Opulus* L., *Lonicera Xylosteum* L.
21. Rubiaceae: *Asperula tinctoria* L., *A. odorata* L.
22. Compositae: *Inula salicina* L., *Senecio Jacobaea* L., *Picris hieracioides* L., *Mulgedium sibiricum* Lessing, *Hieracium praealtum* Vill., *H. vulgatum* Fr., *H. murorum* L.
23. Campanulaceae: *Campanula patula* L.
24. Ericaceae: *Calluna vulgaris* L. (Zwischen Pyha und Sall.)
25. Pyrolaceae: *Pyrola rotundifolia* L., *P. chlorantha* L.
26. Monotropeae: *Hypopitys glabra* DC.
27. Primulaceae: *Trientalis europaea* L., *Lysimachia Nummularia* L.
28. Oleineae: *Fraxinus excelsior* L.
29. Asclepiadeae: *Vincetoxicum officinale* Mönch.
30. Convolvulaceae: *Convolvulus sepium* L.
31. Borragineae: *Pulmonaria officinalis* L.
32. Scrophulariaceae: *Scrophularia nodosa* L., *Veronica Chamaedrys* L., *V. longifolia* L., *V. serpyllifolia* L., *Melampyrum cristatum* L., *M. nemorosum* L., *M. silvaticum* L.

33. Orobancheae: *Orobanche major* L. Fr.
34. Labiatae: *Lycopus europaeus* L., *Clinopodium vulgare* L., *Nepeta Cataria* L., *Scutellaria galericulata* L., *Sc. hastaefolia* L., *Stachys silvatica* L., *Leonurus cardiaca* L.
35. Thymeleae: *Daphne Mezereum* L.
36. Euphorbiaceae: *Mercurialis perennis* L.
37. Utricaceae: *Humulus Lupulus* L.
38. Ulmaceae: *Ulmus campestris* L., *U. effusa* W.
39. Cupuliferae: *Quercus pedunculata* Ehrh., *Corylus Avellana* L.
40. Betulaceae: *Betula alba* L., *B. pubescens* Ehrh., *B. nana* L., *Alnus glutinosa* Gärtn., *A. incana* DC.
41. Salicineae: *Populus tremula* L.
42. Orchideae: *Orchis maculata* L., *Anacamptis pyramidalis* L., *Gymnadenia Conopsea* L., *Plathanthera bifolia* L., *P. chlorantha* Curt., *Ophrys myodes* L., *Cephalanthera ensifolia* Rich., *C. rubra* L., *Listera ovata* L., *L. cordata* L.
43. Smilacineae: *Paris quadrifolia* L., *Convallaria majalis* L., *C. Polygonatum* L., *C. multiflora* L., *Smilacina bifolia* Desf.
44. Asparageae: *Asparagus officinalis* L.
45. Liliaceae: *Allium ursinum* L., *A. scorodoprasum* L., *Gagea lutea* L., *G. minima* L.
46. Colchicaceae: *Tofieldia calyculata* Wahlbg.
47. Juncaceae: *Luzula vernalis* DC., *L. maxima* DC.
48. Cyperaceae: *Carex muricata* L., *C. divulsa* Good., *C. remota* L., *C. glareosa* Wahlbg., *C. pilulifera* L., *C. montana* L., *C. digitata* L., *C. ornithopoda* W., *C. panicea* L., *C. pallescens* Ehrh.
49. Gramineae: *Calamagrostis silvatica* DC., *Milium effusum* L., *Holcus lanatus* L., *Triodia decumbens* P. d. B., *Melica nutans* L., *Poa annua* L., *P. nemoralis* L., *P. sudetica* Hänke., *Molinia caerulea* Mönch, *Dactylis glomerata* L.,

*Festuca ovina* L., *F. gigantea* Vill., *Brachypodium silvaticum* R. & S., *Bromus asper* L., *Triticum caninum* Schreb.

## 2. Nadelwald.

1. Umbelliferae: *Pimpinella Saxifraga* L.
2. Araliaceae: *Hedera Helix* L.
3. Vaccinieae: *Vaccinium Vitis idaea* L., *V. Myrtillus* L., *V. uliginosum* L.
4. Ericaceae: *Arctostaphylos officinalis* Wimm., *Calluna vulgaris* L., *Ledum palustre* L.
5. Pyrolaceae: *Pyrola minor* L., *P. secunda* L., *P. uniflora* L., *Chimophila umbellata* L.
6. Monotropeae: *Hypopitys multiflora* Scop.
7. Primulaceae: *Androsace septentrionalis* L., *Trientalis europaea* L.
8. Scrophulariaceae: *Veronica serpyllifolia* L.
9. Orobancheae: *Lathraea squamaria* L.
10. Empetreae: *Empetrum nigrum* L.
11. Coniferae: *Taxus baccata* L., *Pinus silvestris* L., *Abies excelsa* DC.
12. Orchideae: *Neottia Nidus avis* L., *Corallorhiza innata* R. Br.
13. Gramineae: *Milium effusum* L., *Cynosurus cristatus* L.

## 3. Wiesen (incl. Waldwiesen).

1. Ranunculaceae: *Myosurus minimus* L., *Ranunculus auricomus* L., *R. acris* L., *R. repens* L., *Trollius europaeus* L., *Caltha palustris* L.
2. Cruciferae: *Cardamine amara* L., *C. pratensis* L., *Ephorila vulgaris* DC., *Draba contorta* Ehrh., *D. muralis* L., *Braya supina* Koch.
3. Cistineae: *Helianthemum vulgare* Gärtn.

4. Violarieae: *Viola pratensis* M. & K.
5. Polygaleae: *Polygala comosa* Schkuhr, *P. amara* L., *P. vulgaris* L.
6. Silencae: *Dianthus deltoides* L., *D. superbus* L., *Melandryum pratense* Röhl., *Viscaria vulgaris* Röhl.
7. Alsineae: *Sagina nodosa* L., *Holosteum umbellatum* L., *Stellaria Holostea* L., *St. graminea* L.
8. Lineae: *Linum catharticum* L.
9. Malvaceae: *Malva Alcea* L., *M. rotundifolia* L, *M. borealis* L.
10. Hypericineae: *Hypericum quadrangulum* L., *H. perforatum* L., *H. hirsutum* L.
11. Geraniaceae: *Geranium pratense* L.
12. Papilionaceae: *Ononis hircina* Jacq., *O. repens* L., *Anthyllis vulneraria* L., *Medicago lupulina* L., *Melilotus macrorhiza* Kit., *M. dentata* Pers., *Trifolium pratense* L., *T. fragiferum* L., *T. montanum* L., *T. repens* L., *T. procumbens* L., *Lotus corniculatus* L., *Tetragonolobus siliquosus* L., *Vicia angustifolia* Roth, *Lathyrus pratensis* L.
13. Rosaceae: *Spiraea Filipendula* L., *Geum urbanum* L., *G. rivale* L., *Alchemilla vulgaris* L., *Potentilla anserina* L., *P. argentea* L., *P. verna* L., *P. alpestris* Hall., *P. cinerea* Chaix., *Rosa cinnamomea* L.
14. Umbelliferae: *Carum Carvi* L., *Pimpinella Saxifraga* L., *Pastinaca sativa* L.
15. Rubiaceae: *Galium Mollugo* L, *G. uliginosum* L., *G. boreale* L., *G. verum* L.
16. Valerianeae: *Valeriana officinalis* L., *Valerianella olitoria* Mönch.
17. Dipsaceae: *Knautia arvensis* L., *Succisa pratensis* Koch.
18. Compositae: *Bidens tripartita* L, *B. cernua* L., *Achillea Millefolium* L., *Artemisia campestris* L., *Antennaria dioica*

R. Br., *Senecio campestris* DC., *Centaurea Jacea* L., *Cirsium oleraceum* L., *C. heterophyllum* L., *C. acaule* L., *Lappa major* Gärtn., *L. minor* DC., *L. tomentosa* Lam., *Hypochoeris maculata* L., *Leontodon autumnale* L., *Taraxacum dens-leonis* Desf., *Crepis tectorum* L., *C. biennis* L., *C. praemorsa* Tausch., *Sonchus oleraceus* L., *S. asper* Vill., *Hieracium Auricula* L., *H. pratense* Tausch., *H. umbellatum* L.

19. Campanulaceae: *Campanula glomerata* L., *C. Cervicaria* L., *C. latifolia* L., *C. Trachelium* L., *C. rapunculoides* L., *C. persicifolia* L, *C. rotundifolia* L.
20. Lentibularieae: *Pinguicula vulgaris* L.
21. Primulaceae: *Primula officinalis* Jacq., *P. farinosa* L.
22. Asclepiadeae: *Vincetoxicum officinale* Mönch.
23. Borragineae: *Myosotis caespitosa* Schltz. *M. stricta* Lk.
24. Scrophulariaceae: *Linaria vulgaris* Mill., *Veronica Chamaedrys* L., *V. officinalis* L., *V. longifolia* L., *V. hederaefolia* L., *Odontites vulgaris* Mönch, *Euphrasia officinalis* L., *Melampyrum pratense* L.
25. Labiatae: *Glechoma hederacea* L., *Prunella vulgaris* L., *Lamium album* L., *Teucrium Scordium* L., *Ajuga reptans* L., *A. pyramidalis* L.
26. Plantagineae: *Plantago major* L., *P. media* L., *P. lanceolata* L.
27. Polygoneae: *Rumex obtusifolius* L., *R. crispus* L., *R. Acetosa* L., *R. Acetosella* L., *Polygonum lapathifolium* L., *P. Persicaria* L., *P. aviculare* L., *P. dumetorum* L.
28. Urticaceae: *Urtica urens* L., *U. dioica* L.
29. Coniferae: *Juniperus communis* L.
30. Orchideae: *Orchis militaris* L., *O. ustulata* L., *O. Morio* L., *O. mascula* L., *O. sambucina* L., *Anacamptis pyramidalis* L., *Herminium Monorchis* L., *Cypripedium Calceolus* L.

31. Liliaceae: *Allium carinatum* L., *A. Schoenoprasum* L.
32. Juncaceae: *Luzula campestris* DC.
33. Cyperaceae: *Carex muricata* L., *C. virens* Lam., *C. stellulata* Good., *C. curta* Good., *C. vitilis* Fr., *C. caespitosa* L. Fr., *C. tomentosa* L., *C. montana* L., *C. praecox* Jacq., *C. panicea* L., *C. sparsiflora* Steud., *C. glauca* Scop., *C. pallescens* Ehrh., *C. capillaris* L., *C. flava* L., *C. distans* L.
34. Gramineae: *Hierochloa borealis* R. & S., *Anthoxanthum odoratum* L., *Alopecurus pratensis* L., *A. nigricans* Hornem., *A. geniculatus* L., *Phleum Boehmeri* Wib., *P. pratense* L., *Agrostis alba* L., *A. vulgaris* With., *A. canina* L., *A. spicaventi* L., *Calamagrostis lanceolata* Roth., *C. epigeios* Roth., *C. stricta* Nutt., *Sesleria caerulea* Ard., *Aira caespitosa* L., *A. flexuosa* L., *Holcus lanatus* L., *Arrhenaterum avenaceum* P. d. B. *Avena pubescens* L., *A. pratensis* L., *Triodia decumbens* P. d. B., *Briza media* L., *Poa fertilis* Host., *P. trivialis* L., *P. pratensis* L., *Molinia caerulea* Mönch, *Dactylis glomerata* L., *Festuca rubra* L., *F. arundinacea* Schreb., *F. elatior* L., *Brachypodium pinnatum* L., *Bromus inermis* Leyss., *Lolium perenne* L.

## 4. Sonnige Anhöhen.

1. Ranunculaceae: *Pulsatilla pratensis* L., *Anemone silvestris* L., *Myosurus minimus* L., *Ranunculus bulbosus* L.
2. Berberideae: *Berberis vulgaris* L.
3. Papaveraceae: *Chelidonium majus* L.
4. Violarieae: *Viola arenaria* DC.
5. Sileneae: *Dianthus deltoides* L., *D. arenarius* L.
6. Alsineae: *Arenaria serpyllifolia* L.
7. Malvaceae: *Malva rotundifolia* L., *M. borealis* L.
8. Geraniaceae: *Geranium sanguineum* L.

9. Papilionaceae: *Trifolium medium* L., *T. montanum* L., *Astragalus hypoglottis* L., *A. arenarius* L.
10. Rosaceae: *Spiraea Filipendula* L., *Potentilla argentea* L., *P. verna* L., *P. cinerea* Chaix., *Fragaria vesca* L., *F. collina* Ehrh., *Rubus saxatilis* L.
11. Scleranthaceae: *Scleranthus perennis* L.
12. Paronychiaceae: *Herniaria glabra* L., *Spergularia rubra* Pers.
13. Crassulaceae: *Sedum album* L., *S. acre* L.
14. Grossulariaceae: *Ribes alpinum* L.
15. Umbelliferae: *Ribes alpinum* All.
16. Dipsaceae: *Scabiosa Columbaria* L.
17. Compositae: *Petasites officinalis* Mönch, *Tussilago Farfara* L., *Solidago Virgaurea* L., *Inula salicina* L., *Artemisia rupestris* L., *Tanacetum vulgare* L., *Filago arvensis* L., *Carlina vulgaris* L., *Centaurea Scabiosa* L., *Carduus crispus* L., *Hypochoeris maculata* L., *Hieracium Pilosella* L., *H. cymigerum* Reichb., *H. umbellatum* L.
18. Campanulaceae: *Jasione montana* L.
19. Primulaceae: *Androsace septentrionalis* L.
20. Gentianeae: *Gentiana cruciata* L.
21. Convolvulaceae: *Cuscuta europaea* L.
22. Borragineae: *Echium vulgare* L., *Lithospermum officinale* L., *Myosotis stricta* Lk., *Echinospermum Lappula* L.
23. Solanaceae: *Hyoscyamus niger* L., *Solanum Dulcamara* L.
24. Scrophulariaceae: *Verbascum Thapsus* L., *V. nigrum* L., *Veronica Chamaedrys* L., *V. officinalis* L., *V. latifolia* L., *V. spicata* L., *Euphrasia officinalis* L.
25. Labiatae: *Thymus serpyllum* L., *Calamintha Acinos* L.
26. Empetreae: *Empetrum nigrum* L.
27. Coniferae: *Juniperus communis* L.

28. Orchideae: *Epipactis rubiginosa* Gaud.
29. Cyperaceae: *Carex ericetorum* Poll., *C. hirta* L.
30. Gramineae: *Ammophila arenaria* Link, *Koeleria cristata* Pers., *K. glauca* DC., *Avena pratensis* L., *Brachypodium pinnatum* L., *Bromus inermis* Leyss.

## 5. Felder.

1. Ranunculaceae: *Delphinium Consolida* L.
2. Papaveraceae: *Papaver Argemone* L., *P. dubium* L.
3. Fumariaceae: *Fumaria officinalis* L.
4. Cruciferae: *Barbarea vulgaris* R. Br., *B. stricta* Andrzj., *Turritis glabra* L., *Arabis hirsuta* Scop., *Alyssum montanum* L., *Thlaspi arvense* L., *T. perfoliatum* L., *Sisymbrium officinale* Scop., *S. Alliaria* Scop., *S. Thalianum* Scop., *Erysimum strictum* Gärtn., *Camelina sativa* Crantz, *Capsella Bursa-Pastoris* Mönch, *Neslia paniculata* Desf., *Brassica Rapa* L., *Sinapis arvensis* L., *S. alba* L., *Raphanus Raphanistrum* L., *Bunias orientalis* L.
5. Violarieae: *Viola tricolor* L.
6. Sileneae: *Githago segetum* Desf.
7. Alsineae: *Stellaria media* Vill., *St. uliginosa* Murr., *Cerastium glomeratum* Thuill., *C. semidecandrum* L., *C. arvense* L., *C. viscosum* L.
8. Papilionaceae: *Medicago lupulina* L., *Melilotus alba* Lam., *M. officinalis* Lam., *Trifolium arvense* L., *Vicia sepium* L., *V. sativa* L., *Errum hirsutum* L.
9. Rosaceae: *Potentilla cinerea* Chaix., *Fragaria vesca* L., *Rubus caesius* L., *Rosa canina* L.
10. Scleranthaceae: *Scleranthus annuus* L.
11. Paronychiaceae: *Spergula arvensis* L.
12. Rubiaceae: *Galium Aparine* L.

13. Compositae: *Anthemis arvensis* L., *A. tinctoria* L., *Ptarmica vulgaris* DC., *Leucanthemum vulgare* DC., *Matricaria Chamomilla* L., *Tripleurospermum inodorum* C. H. Schultz, *Artemisia Absinthium* L., *Centaurea Cyanus* L., *Cirsium arvense* Scop., *Lapsana communis* L., *Lactuca muralis* DC., *Sonchus arvensis* L.
14. Primulaceae: *Anagallis arvensis* L.
15. Convolvulaceae: *Convolvulus arvensis* L.
16. Borragineae: *Echium vulgare* L., *Anchusa officinalis* L., *Lycopsis arvensis* L., *Lithospermum arvense* L., *Myosotis intermedia* Lk., *M. hispida* Schlecht., *Echinospermum Lappula* L., *Asperugo procumbens* L., *Cynoglossum officinale* L.
17. Solanaceae: *Solanum nigrum* L.
18. Scrophulariaceae: *Verbascum nigrum* L., *Veronica arvensis* L., *V. verna* L., *V. hederaefolia* L., *V. agrestis* L., *Odontites vulgaris* Münch, *Rhinanthus major* Ehrh., *R. minor* Ehrh., *Melampyrum arvense* L.
19. Labiatae: *Mentha arvensis* L., *Stachys palustris* L., *Galeopsis Ladanum* L , *G. Tetrahit* L., *G. versicolor* L., *Lamium amplexicaule* L., *L. purpureum* L.
20. Chenopodeae: *Chenopodium hybridum* L., *Ch. urbicum* L , *Ch. album* L., *Ch. glaucum* L., *Blitum rubrum* Reichb., *B. Bonus Henricus* C. A. Meyer, *Atriplex calotheca* Fr., *A. patula* L. Fr., *A. prostrata* Bouch., *Obione pedunculata* Moq.
21. Polygoneae: *Polygonum Convolvulus* L.
22. Euphorbiaceae: *Euphorbia Helioscopia* L.
23. Gramineae: *Setaria viridis* L., *Poa annua* L., *P. compressa* L., *Bromus secalinus* L., *B. mollis* L., *Triticum repens* L., *Lolium arvense* With.

## 6. Sümpfe und sumpfiges Land.

1. Ranunculaceae: *Ranunculus auricomus* Scop., *R. sceleratus* L., *Caltha palustris* L.
2. Cruciferae: *Cardamine amara* L., *C. pratensis* L.
3. Violarieae: *Viola palustris* L., *V. epipsila* Schkuhr, *V. uliginosa* Schrad., *V. stagnina* Kit., *V. canina* L.
4. Droseraceae: *Drosera rotundifolia* L., *D. longifolia* L., *Parnassia palustris* L.
5. Geraniaceae: *Geranium palustre* L.
6. Papilionaceae: *Lathyrus palustris* L.
7. Rosaceae: *Geum rivale* L., *Rubus Chamaemorus* L.
8. Oenotheraceae: *Epilobium angustifolium* L., *E. hirsutum* L., *E. parviflorum* Schreb., *E. palustre* L.
9. Lythrarieae: *Lythrum Salicaria* L.
10. Umbelliferae: *Cicuta virosa* L., *Cnidium venosum* Koch., *Ostericum palustre* Bess., *Peucedanum palustre* Mönch, *Conium maculatum* L.
11. Rubiaceae: *Galium uliginosum* L., *G. palustre* L.
12. Compositae: *Eupatorium cannabinum* L., *Senecio paludosa* L., *Cirsium palustre* L., *Leontodon autumnale* L., *Scorzonera humilis* L., *Taraxacum palustre* DC., *Crepis paludosa* Mönch.
13. Vaccinieae: *Vaccinium uliginosum* L., *Oxycoccus palustris* Pers.
14. Ericaceae: *Andromeda polifolia* L.
15. Lentibularieae: *Utricularia vulgaris* L., *U. intermedia* Hayne, *U. minor* L., *Pinguicula vulgaris* L.
16. Primulaceae: *Primula farinosa* L.
17. Borragineae: *Myosotis palustris* With.
18. Solanaceae: *Solanum Dulcamara* L.
19. Scrophulariaceae: *Veronica Anagallis* L., *V. Beccabunga* L., *Pedicularis palustris* L., *P. Sceptrum-Carolinum* L.

20. Labiatae: *Mentha aquatica* L., *Lycopus europaeus* L., *Scutellaria galericulata* L., *Stachys palustris* L.
21. Polygoneae: *Polygonum Hydropiper* L.
22. Euphorbiaceae: *Euphorbia palustris* L.
23. Betulaceae: *Betula nana* L., *B. pubescens* Ehrh., *Alnus incana* DC.
24. Salicineae: *Salix alba* L., *S. rosmarinifolia* L., *S. repens* L., *S. aurita* L., *S. Caprea* L., *S. nigricans* Fr., *S. viminalis* L., *S. amygdalina* L., *S. fragilis* L., *S. pentandra* L.
25. Myricaceae: *Myrica Gale* L.
26. Juncagineae: *Triglochin palustre* L., *Scheuchzeria palustris* L.
27. Typhaceae: *Typha latifolia* L.
28. Aroideae: *Calla palustris* L.
29. Orchideae: *Orchis latifolia* L., *O. Traunsteineri* L., *O. angustifolia* L., *Gymnadenia Conopsea* L., *Epipactis latifolia* L., *E. palustris* Scop., *Sturmia Loeselii* Reichb., *Malaxis monophyllos* Sw.
30. Juncaceae: *Juncus conglomeratus* L., *J. effusus* L., *J. glaucus* Ehrh., *J. filiformis* L., *J. lamprocarpus* Ehrh., *J. compressus* Jacq., *J. bufonius* L.
31. Cyperaceae: *Heleocharis acicularis* R. Br., *H. palustris* R. Br., *H. uniglumis* Link., *Scirpus caespitosus* L., *S. silvaticus* L., *Eriophorum alpinum* L., *E. vaginatum* L., *E. angustifolium* Roth, *E. latifolium* Hopp., *Rhynchospora alba* Vahl, *Cladium Mariscus* R. Br., *Chaetospora nigricans* Kunth, *C. ferruginea* Reichb., *Blysmus compressus* L., *Carex dioica* L., *C. Davalliana* Sm., *C. pulicaris* L., *C. chordorrhiza* Ehrh., *C. intermedia* Good., *C. vulpina* L., *C. teretiuscula* Good., *C. paradoxa* W., *C. ovalis* Good., *C. elongata* L., *C. stricta* Good., *C. caespitosa* L. Fr., *C. vulgaris* Fr., *C. acuta* L., *C. Buxbaumii* Wahlb., *C. limosa* L., *C. flava* L.,

*C. Oederi* Ehrh., *C. Hornschuchiana* Hoppe, *C. Drymeja* Ehrh., *C. Pseudocyperus* L., *C. ampullacea* Good., *C. vesicaria* L., *C. paludosa* Good., *C. filiformis* L.

32. Gramineae: *Nardus stricta* L.

## 7. Sandflächen.

1. Cruciferae: *Arabis arenosa* Scop.
2. Violarieae: *Viola arenaria* DC.
3. Sileneae: *Dianthus deltoides* L., *D. arenarius* L.
4. Alsineae: *Arenaria serpyllifolia* L.
5. Geraniaceae: *Erodium cicutarium* l'Her.
6. Papilionaceae: *Trifolium medium* L., *Astragalus arenarius* L.
7. Scleranthaceae: *Scleranthus perennis* L.
8. Paronychiaceae: *Herniaria glabra* L.
9. Crassulaceae: *Sedum acre* L.
10. Compositae: *Erigeron acer* L., *Helichrysum arenarium* L.
11. Vaccinieae: *Vaccinium Vitis idaea* L.
12. Ericaceae: *Arctostaphylos officinalis* Wimm., *Calluna vulgaris* L.
13. Scrophulariaceae: *Veronica scutellata* L.
14. Labiatae: *Thymus Serpyllum* L.
15. Empetreae: *Empetrum nigrum* L.
16. Orchideae: *Epipactis rubiginosa* Good.
17. Cyperaceae: *Carex arenaria* L., *C. hirta* L.
18. Gramineae: *Koeleria cristata* Pers., *K. glauca* DC.

## 8. Strandflora.

1. Cruciferae: *Cakile maritima* Scop., *Sisymbrium officinale* Scop., *S. Sophia* L., *Braya supina* Koch, *Isatis tinctoria* L., *Crambe maritima* L.
2. Alsineae: *Sagina procumbens* L., *Honckeneya peploides* Ehrh.

3. Geraniaceae: *Geranium robertianum* L.
4. Papilionaceae: *Anthyllis vulneraria* L.
5. Paronychiaceae: *Spergularia salina* Presl.
6. Crassulaceae: *Sedum album* L.
7. Grossulariaceae: *Ribes alpinum* L.
8. Compositae: *Aster Tripolium* L., *Maruta Cotula* DC., *Artemisia maritima* L., *Senecio vulgaris* L.
9. Primulaceae: *Glaux maritima* L., *Samolus Valerandi* L.
10. Gentianeae: *Erythraea Centaurium* Pers., *E. linariaefolia* Pers., *E. pulchella* Fr., *Gentiana Amarella* L.
11. Solanaceae: *Hyosciamus niger* L.
12. Scrophulariaceae: *Veronica spicata* L.
13. Plantagineae: *Plantago maritima* L.
14. Chenopodeae: *Salsola Kali* L., *Atriplex littoralis* L., *A. hastata* L., *Salicornia herbacea* L.
15. Polygoneae: *Rumex maritimus* L., *R. crispus* L., *Polygonum aviculare* L., *P. oxyspermum* C. A. Meyer & Bunge.
16. Juncagineae: *Triglochin maritimum* L.
17. Juncaceae: *Juncus balticus* Willd., *J. Gerardi* Lois.
18. Cyperaceae: *Carex arenaria* L., *C. extensa* Good.
19. Gramineae: *Agrostis alba* L., *Phragmites communis* Fr., *Avena strigosa* Schreb., *Glyceria distans* Wahlbg., *G. maritima* Mart. & Koch, *Elymus arenarius* L.

## 9. Felsen.

1. Cruciferae: *Cardamine hirsuta* L., *Cochlearia danica* L., *Erysimum cheiranthoides* L., *Hutschinsia petraea* R. Br., *Lepidium ruderale* L., *L. latifolium* L.
2. Alsineae: *Arenaria serpyllifolia* L.
3. Geraniaceae: *Geranium lucidum* L., *G. robertianum* L.
4. Oenotheraceae: *Epilobium angustifolium* L.

5. Crassulaceae: *Sedum album* L., *S. acre* L.
6. Grossularieae: *Ribes alpinum* L.
7. Saxifragaceae: *Saxifraga granulata* L., *S. tridactylites* L.
8. Dipsaceae: *Scabiosa Columbaria* L.
9. Compositae: *Hieracium Pilosella* L.
10. Borragineae: *Lithospermum purpureo-caeruleum* L., *Echinospermum Lappula* L.
11. Solanaceae: *Hyosciamus niger* L.
12. Scrophulariaceae: *Verbascum Thapsus* L.
13. Labiatae: *Calamintha Acinos* L.
14. Gramineae: *Poa nemoralis* L.

## 10. Im süssen Wasser (Seen und Flüsse).

1. Ranunculaceae: *Ranunculus aquatilis* L., *R. Flammula* L., *R. Lingua* L., *R. sceleratus* L.
2. Nymphaeaceae: *Nymphaea alba* L., *Nuphar luteum* Sm.
3. Cruciferae: *Nasturtium palustre* DC., *N. amphibium* R. Br.
4. Halorhageae: *Myriophyllum verticillatum* L., *M. spicatum* L., *Hippuris vulgaris* L.
5. Callitrichineae: *Callitriche verna* L.
6. Gentianeae: *Menyanthes trifoliata* L.
7. Polygoneae: *Rumex Hydrolapathum* Huds., *Polygonum amphibium* L.
8. Hydrocharideae: *Hydrocharis morsus Ranae* L.
9. Alismaceae: *Alisma Plantago* L.
10. Butomeae: *Butomus umbellatus* L.
11. Potameae: *Potamogeton natans* L., *P. gramineus* L., *P. lucens* L., *P. crispus* L., *P. pusillus* L.
12. Lemnaceae: *Lemna trisulca* L., *L. polyrrhiza* L., *L. minor* L.
13. Typhaceae: *Sparganium simplex* Huds., *S. minimum* Fr.
14. Aroideae: *Acorus Calamus* L.

15. Irideae: *Iris Pseud-Acorus* L.
16. Cyperaceae: *Heleocharis palustris* R. Br., *Scirpus Tabernaemontani* Gm., *S. lacustris* L., *Carex vulpina* L., *C. riparia* Curt.
17. Gramineae: *Phalaris arundinacea* L., *Glyceria spectabilis* Mert. & Koch, *G. fluitans* R. Br., *G. distans* Wahlbg., *Catabrosa aquatica* P. d. B.

## 11. Meerwasser (incl. Seen mit salzigem Wasser).

1. Ranunculaceae: *Ranunculus marinus* Fr., *R. divaricatus* Schrnk.
2. Halorhageae: *Myriophyllum verticillatum* L., *M. spicatum* L.
3. Potameae: *Potamogeton perfoliatum* L., *P. pectinatum* L., *P. marinum* L., *Ruppia maritima* L., *R. rostellata* Koch, *Zannichellia major* Böningh, *Z. polycarpa* Nolte, *Z. pedicellata* Fr.
4. Najadeae: *Najas marina* L., *Zostera marina* L.
5. Cyperaceae: *Scirpus Baeothryon* Ehrh., *S. maritimus* L.
6. Gramineae: *Phragmites communis* L.

Wenn wir nun durch Zahlen feststellen, wie viele Species je eine Familie auf jedem Standorte hat, so ergiebt sich folgende Tabelle:

| Name der Familie. | Laubwald. | Nadelwald. | Wiesen. | Sonn. Anhöhen. | Felder. | Sümpfe und sumpfiges Land. | Sandflächen. | Strandflora. | Felsen. | Süsses Wasser. | Meerwasser. |
|---|---|---|---|---|---|---|---|---|---|---|---|
| Ranunculaceae | 10 | . | 6 | 4 | 1 | 3 | . | . | . | 4 | 2 |
| Berberideae | . | . | . | 1 | . | . | . | . | . | . | . |
| Nymphaeaceae | . | . | . | . | . | . | . | . | . | 2 | . |
| Papaveraceae | . | . | . | . | 1 | 2 | . | . | . | . | . |
| Fumariaceae | 1 | . | . | . | . | 1 | . | . | . | . | . |
| Cruciferae | 1 | . | 5 | . | 19 | 2 | 1 | 6 | 6 | 2 | . |

| Name der Familie. | Laubwald. | Nadelwald. | Wiesen. | Sonn. Anhöhen. | Felder. | Sümpfe und sumpfiges Land. | Sandflächen. | Strandflora. | Felsen. | Süsses Wasser. | Meerwasser. |
|---|---|---|---|---|---|---|---|---|---|---|---|
| Cistineae | . | . | 1 | . | . | . | . | . | . | . | . |
| Violarieae | 7 | . | 1 | 1 | 1 | 5 | 1 | . | . | . | . |
| Droseraceae | . | . | . | . | . | 3 | . | . | . | . | . |
| Polygaleae | . | . | 3 | . | . | . | . | . | . | . | . |
| Sileneae | 5 | . | 4 | 2 | 1 | . | 2 | . | . | . | . |
| Alsineae | 4 | . | 4 | 1 | 6 | . | 1 | 2 | 1 | . | . |
| Lineae | . | . | 1 | . | . | . | . | . | . | . | . |
| Malvaceae | . | . | 3 | 2 | . | . | . | . | . | . | . |
| Tiliaceae | 1 | . | . | . | . | . | . | . | . | . | . |
| Hypericineae | . | . | 3 | . | . | . | . | . | . | . | . |
| Acerineae | 1 | . | . | . | . | . | . | . | . | . | . |
| Geraniaceae | 3 | . | 1 | 1 | . | 1 | 1 | 1 | 2 | . | . |
| Oxalideae | 1 | . | . | . | . | . | . | . | . | . | . |
| Rhamneae | 2 | . | . | . | . | . | . | . | . | . | . |
| Papilionaceae | 10 | . | 14 | 4 | 7 | 1 | 2 | 1 | . | . | . |
| Amygdaleae | 2 | . | . | . | . | . | . | . | . | . | . |
| Rosaceae | 6 | . | 10 | 7 | 4 | 2 | . | . | . | . | . |
| Pomaceae | 5 | . | . | . | . | . | . | . | . | . | . |
| Oenotheraceae | 2 | . | . | . | . | 4 | . | . | 1 | . | . |
| Halorhageae | . | . | . | . | . | . | . | . | . | 3 | 2 |
| Callitrichineae | . | . | . | . | . | . | . | . | . | 1 | . |
| Lythrarieae | . | . | . | . | . | 1 | . | . | . | . | . |
| Scleranthaceae | . | . | . | 1 | 1 | . | 1 | . | . | . | . |
| Paronychiaceae | . | . | . | 2 | 1 | . | 1 | 1 | . | . | . |
| Crassulaceae | . | . | . | 2 | . | . | 1 | 1 | 2 | . | . |
| Grossulariaceae | 3 | . | . | 1 | . | . | . | 1 | 1 | . | . |
| Saxifragaceae | . | . | . | . | . | . | . | . | 2 | . | . |
| Umbelliferae | 14 | 1 | 3 | 1 | . | 5 | . | . | . | . | . |
| Araliaceae | . | 1 | . | . | . | . | . | . | . | . | . |
| Corneae | 1 | . | . | . | . | . | . | . | . | . | . |
| Caprifoliaceae | 3 | . | . | . | . | . | . | . | . | . | . |
| Rubiaceae | 2 | . | 4 | . | 1 | 2 | . | . | . | . | . |
| Valerianeae | . | . | 2 | . | . | . | . | . | . | . | . |
| Dipsaceae | . | . | 2 | 1 | . | . | . | . | 1 | . | . |
| Compositae | 7 | . | 24 | 15 | 12 | 7 | 2 | 4 | 1 | . | . |
| Campanulaceae | 1 | . | 7 | 1 | . | . | . | . | . | . | . |
| Vaccineae | . | 3 | . | . | . | 2 | 1 | . | . | . | . |
| Ericaceae | 1 | 3 | . | . | . | 1 | 2 | . | . | . | . |
| Pyrolaceae | 2 | 4 | . | . | . | . | . | . | . | . | . |
| Monotropeae | 1 | 1 | . | . | . | . | . | . | . | . | . |
| Lentibularieae | . | . | 1 | . | . | 4 | . | . | . | . | . |

| Name der Familie. | Laubwald. | Nadelwald. | Wiesen. | Sonn. Anhöhen. | Felder. | Sümpfe und sumpfiges Land. | Sandflächen. | Strandflora. | Felsen. | Süsses Wasser. | Meerwasser. |
|---|---|---|---|---|---|---|---|---|---|---|---|
| Primulaceae | 2 | 2 | 2 | 1 | 1 | 1 | . | 2 | . | . | . |
| Oleineae | 1 | . | . | . | . | . | . | . | . | . | . |
| Asclepiadeae | 1 | . | 1 | . | . | . | . | . | . | . | . |
| Gentianeae | . | . | . | 1 | . | . | . | 4 | . | 1 | . |
| Convolvulaceae | 1 | . | . | 1 | 1 | . | . | . | . | . | . |
| Borragineae | 1 | . | 2 | 4 | 9 | 1 | . | . | 2 | . | . |
| Solanaceae | . | . | . | 2 | 1 | 1 | . | 1 | 1 | . | . |
| Scrophulariaceae | 7 | 1 | 8 | 7 | 9 | 4 | 1 | 1 | 1 | . | . |
| Orobancheae | 1 | 1 | . | . | . | . | . | . | . | . | . |
| Labiatae | 7 | . | 6 | 2 | 7 | 4 | 1 | . | 1 | . | . |
| Plantagineae | . | . | 3 | . | . | . | . | 1 | . | . | . |
| Chenopodeae | . | . | . | . | 10 | . | . | 4 | . | . | . |
| Polygoneae | . | . | 8 | . | 1 | 1 | . | 4 | . | 2 | . |
| Thymeleae | 1 | . | . | . | . | . | . | . | . | . | . |
| Empetreae | . | 1 | . | 1 | . | . | 1 | . | . | . | . |
| Euphorbiaceae | 1 | . | . | . | 1 | 1 | . | . | . | . | . |
| Urticaceae | 1 | . | 2 | . | . | . | . | . | . | . | . |
| Ulmaceae | 2 | . | . | . | . | . | . | . | . | . | . |
| Cupuliferae | 2 | . | . | . | . | . | . | . | . | . | . |
| Betulaceae | 5 | . | . | . | . | 3 | . | . | . | . | . |
| Salicineae | 1 | . | . | . | . | 10 | . | . | . | . | . |
| Myricaceae | . | . | . | . | . | 1 | . | . | . | . | . |
| Coniferae | . | 3 | 1 | 1 | . | . | . | . | . | . | . |
| Hydrocharideae | . | . | . | . | . | . | . | . | . | 1 | . |
| Alismaceae | . | . | . | . | . | . | . | . | . | 1 | . |
| Butomeae | . | . | . | . | . | . | . | . | . | 1 | . |
| Juncagineae | . | . | . | . | . | 2 | . | 1 | . | . | . |
| Potameae | . | . | . | . | . | . | . | . | . | 5 | 8 |
| Najadeae | . | . | . | . | . | . | . | . | . | . | 2 |
| Lemnaceae | . | . | . | . | . | . | . | . | . | 3 | . |
| Typhaceae | . | . | . | . | . | 1 | . | . | . | 2 | . |
| Aroideae | . | . | . | . | . | 1 | . | . | . | 1 | . |
| Orchideae | 10 | 2 | 8 | 1 | . | 8 | 1 | . | . | . | . |
| Irideae | . | . | . | . | . | . | . | . | . | 1 | . |
| Smilacineae | 5 | . | . | . | . | . | . | . | . | . | . |
| Asparageae | 1 | . | . | . | . | . | . | . | . | . | . |
| Liliaceae | 4 | . | 2 | . | . | . | . | . | . | . | . |
| Colchicaceae | 1 | . | . | . | . | 1 | . | . | . | . | . |
| Juncaceae | 2 | . | 1 | . | . | 6 | . | 2 | . | . | . |
| Cyperaceae | 10 | . | 16 | 2 | . | 39 | 2 | 2 | . | 5 | 2 |
| Gramineae | 15 | 2 | 34 | 6 | 7 | 1 | 2 | 6 | 1 | 5 | 1 |

Die Summe der auf Oesell wild wachsenden phanerogamischen Pflanzenarten beträgt 752, wovon 535 Dicotyledonen = 71,14 Procent und 217 Monocotyledonen = 28,86 Procent. Vergleichen wir nun die Summen der verschiedenen Pflanzen an den verschiedenen Standörtern, so ergiebt sich folgende Reihenfolge:

|  | Species. | Davon: | | Procente der Gesammtzahl phanerogamischer Pflanzenarten. | | Summa. |
|---|---|---|---|---|---|---|
|  |  | Dicotyledonen. | Monocotyled. | Dicotyledonen | Monocotyled. |  |
| 1. Wiesen und Buschwiesen | 195 | 134 | 61 | 17,82 | 8,11 | 25,93 |
| 2. Laubwald | 179 | 130 | 49 | 17,29 | 6,51 | 23,80 |
| 3. Sümpfe und sumpfiges Land | 131 | 72 | 59 | 9,57 | 7,85 | 17,42 |
| 4. Felder und angebautes Land | 109 | 101 | 8 | 13,43 | 1,06 | 14,49 |
| 5. Sonnige Anhöhen | 79 | 67 | 12 | 8,91 | 1,59 | 10,50 |
| 6. Strandflora | 48 | 35 | 13 | 4,65 | 1,73 | 6,38 |
| 7. Süsswasserflora | 42 | 16 | 26 | 2,13 | 3,46 | 5,59 |
| 8. Nadelwald | 25 | 21 | 4 | 2,79 | 0,53 | 3,32 |
| 9. Sandflächen | 24 | 19 | 5 | 2,53 | 0,66 | 3,19 |
| 10. Felsen | 24 | 23 | 1 | 3,06 | 0,13 | 3,19 |
| 11. Meerwasser | 16 | 4 | 12 | 0,53 | 1,59 | 2,12 |
|  |  |  |  | 82,71 | 33,22 | 115,93 |

Demnach sind verschiedenen Standorten angehörig: Dicotyledonen 11,57 Proc. und Monocotyledonen 4,36, im Ganzen 15,93 Proc. der Gesammtzahl phanerogamischer Pflanzenarten.

Diese Tabellen sind allein durchaus nicht hinreichend uns ein treues Bild von der Flora zu geben, denn es kann in denselben, wie selbstverständlich, keine Rücksicht auf die relative Menge von Individuen, in welcher eine oder die andere Pflanze auftritt, genommen werden. Es steht vielmehr die ganz vereinzelt vorkommende Pflanze mit eben dem Rechte mit ihrer Zahl da, wie Pflanzen, welche die vorherrschende Vegetation eines Ortes bilden. Ein Beispiel wird dieses sogleich klar machen. Unter der Rubrik „Laubwald" steht die Familie der Asclepiadeae sowohl, als die der Orobancheae mit **einer** Species verzeichnet. Nichtsdestoweniger spielen aber diese beiden Familien ganz verschiedene Rollen in unserer Pflanzengeographie. Während *Vincetoxicum officinale* Mönch für gewisse Gegenden die vorherrschende Pflanzenform ist, ist die *Orobanche major* L. eine Pflanze, die in unserer Gegend niemals zu einer solchen Bedeutung kommt, weil sie zu selten und zu vereinzelt in der Flora auftritt. Es sollen nun im Folgenden für jeden Standpunkt die für ihn wichtigsten Gewächse zusammengestellt und zugleich angegeben werden, in welcher Jahreszeit, falls es auf diese ankommt, sie besonders wichtig sind.

## I. Laubwald.

1. Ranunculaceae: *Anemone nemorosa* L. und *Hepatica triloba* Chaix., für den Frühling allgemein.
2. Fumariaceae: *Corydalis solida* Smith., im Frühling bei Töllist und Kasti.
3. Oxalideae: *Oxalis Acetosella* L., besonders bei Sandel.
4. Papilionaceae: *Orobus vernus* L., bei Sandel.
5. Umbelliferae: *Myrrhis odorata* Scop., bei Töllist.
6. Ericaceae: *Calluna vulgaris* L., zwischen Pyha und Sall.

7. Primulaceae: *Lysimachia Nummularia* L., bei Sandel.
8. Asclepiadeae: *Vincetoxicum officinale* Mönch, bei Sandel.
9. Scrophulariaceae: *Melampyrum nemorosum* L., allgemein.
10. Ulmaceae: *Ulmus campestris* L., bei Sandel.
11. Cupuliferae: *Quercus pedunculata* Ehrh., Clausholm und Koiküll. — *Corylus Avellana* L., allgemein.
12. Salicineae: *Populus tremula* L., allgemein.
13. Orchideae: *Anacamptis pyramidalis* L., Kaanda-See. — *Gymnadenia Conopsea* L., Mento.

## II. Nadelwald.

1. Ericaceae: *Calluna vulgaris* L., allgemein.
2. Monotropeae: *Hypopitys multiflora* Scop., Rannaküll und Jerwe.
3. Coniferae: *Pinus silvestris* L. u. *Abies excelsa* DC., allgemein.

## III. Wiesen.

1. Ranunculaceae: *Trollius europaeus* L., bei Töllist. — *Caltha palustris* L., allgemein.
2. Malvaceae: *Malva Alcea* L., bei Kölljall.
3. Papilionaceae: *Ononis repens* L., bei Wolde.
4. Rosaceae: *Potentilla anserina* L., allgemein auf feuchten Waldwiesen.
5. Umbelliferae: *Carum Carvi* L., allgemein.
6. Primulaceae: *Primula officinalis* Jacq. und *P. farinosa* L., beide im Frühling allgemein.
7. Asclepiadeae: *Vincetoxicum officinale* Mönch, bedeckt zwischen Kölle und Kölljall eine ganze Fläche.
8. Labiatae: *Teucrium Scordium* L., bei Kusnem.
9. Coniferae: *Juniperus communis* L., allgemein.

10. Gramineae: Aus dieser Familie sind es besonders die Gattungen *Aira* und *Poa*, welche den Haupttheil der Vegetation auf Wiesen bilden.

## IV. Sonnige Anhöhen.

1. Ranunculaceae: *Pulsatilla pratensis* L., Clausholm.
2. Geraniaceae: *Geranium sanguineum* L., bei Sandel.
3. Paronychiaceae: *Herniaria glabra* L., allgemein.
4. Dipsaceae: *Scabiosa Columbaria* L., Soega-ninna.
5. Solanaceae: *Hyosciamus niger* L., allgemein.
6. Coniferae: *Juniperus communis* L., allgemein.

## V. Felder.

1. Cruciferae: *Sinapis arvensis* L., allgemein. — *Bunias orientalis* L., bei Grossenhof.

## VI. Sümpfe und sumpfiges Land.

1. Ranunculaceae: *Caltha palustris* L., im Frühling allgemein.
2. Droseraceae: *Parnassia palustris* L., im Herbst allgemein.
3. Primulaceae: *Primula farinosa* L., im Frühling allgemein.
4. Euphorbiaceae: *Euphorbia palustris* L., bei Clausholm und beim Kaanda-See.
5. Betulaceae: *Betula nana* L., *B. pubescens* L. und *Alnus incana* DC., allgemein.
6. Salicineae: *Salix rosmarinifolia* L. und *S. repens* L., allgem.
7. Myricaceae: *Myrica Gale* L., bei Clausholm.
8. Orchideae: *Orchis Traunsteineri* L., am Kaanda-See.
9. Cyperaceae: Die ganze Gattung *Carex* allgemein. — *Rhynchospora alba* Vahl, bei Clausholm.

## VII. Sandflächen.

1. Gramineae: *Koeleria cristata* Pers., allgemein.

## VIII. Strandflora.

1. Cruciferae: *Sisymbrium officinale* Scop., *S. Sophia* L., bei Töllist. — *Braya supina* Koch., bei Sandel. — *Isatis tinctoria* L., bei Rannaküll. — *Crambe maritima* L., bei Töllist.
2. Grossularieae: *Ribes alpinum* L., auf den Waigat-Inseln.
3. Compositae: *Artemisia maritima* L., im Westen von Oesell allgemein, besonders viel bei Attel und Kusnem.
4. Plantagineae: *Plantago maritima* L., bei Kasti.
5. Gramineae: *Phragmites communis* Fr., allgemein.

## IX. Felsen.

1. Cruciferae: *Cochlearia danica* L., auf den Waigat-'Inseln. — *Lepidium latifolium* L., Waigat-Inseln.
2. Oenotheraceae: *Epilobium angustifolium* L., Pank.

## X. Süsses Wasser.

1. Ranunculaceae: *Ranunculus aquatilis* L., allgemein.
2. Nymphaeaceae: *Nymphaea alba* L., allgemein. — *Nuphar luteum* Sm., bei Metzküll.
3. Gentianeae: *Menyanthes trifoliata* L., allgemein.
4. Polygoneae: *Rumex Hydrolapathum* Huds., Arensburg.
5. Lemnaceae: *Lemna trisulca* L., *L. polyrrhiza* L., *L. minor* L., allgemein.

## XI. Meerwasser.

1. Najadeae: *Najas marina* L., Sandel und Murraz.
2. Cyperaceae: *Scirpus Baeothryon* Ehrh. und *S. maritimus* L., allgemein.

Eine für die Pflanzengeographie sehr wichtige Thatsache scheint mir die zu sein, dass gewisse Pflanzenspecies auf verschiedenen Standorten wachsen und hier nicht etwa nur als klein und verkrüppelt erscheinen, sondern sowohl auf dem einen als auf dem andern Standpunkte es zu einer grossen Vollkommenheit in ihrer Ausbildung bringen. Vergleicht man die verschiedenen Standorte einer solchen Pflanze, so wird man doch wol finden, dass dieselbe an einem Orte stets in der grössten relativen Zahl der Individuen auftritt, während sie an andern Orten mehr oder weniger vereinzelt vorkommt, und dann dürfte man wol den ersteren Standpunkt mit Recht als den eigentlichen Boden ihrer Entwickelung, ihre eigentliche Heimath ansehen.

Folgende Tabellen enthalten alle die Pflanzenspecies, welche auf verschiedenen Standorten sich finden, und zwar die verschiedenen Standorte einer Pflanze in der entsprechenden Rubrik mit einem ∷, den ihr zukommenden Hauptstandort aber mit einem # bezeichnet.

| Name der Pflanze. | Laubwald. | Nadelwald. | Wiesen. | Sonn. Anhöhen. | Felder. | Sümpfe und sumpfiges Land. | Sandflächen. | Strandflora. | Felsen. | Süsses Wasser. | Meerwasser. |
|---|---|---|---|---|---|---|---|---|---|---|---|
| *Myosurus minimus* L. | . | . | . | ∷ | # | . | . | . | . | . | . |
| *Ranunculus auricomus* L. | . | . | . | ∷ | . | # | . | . | . | . | . |
| *Caltha palustris* L. | . | . | ∷ | . | . | # | . | . | . | . | . |
| *Ranunculus sceleratus* L. | . | . | . | . | . | # | . | . | . | ∷ | . |
| *Cardamine amara* L. | . | . | ∷ | . | . | # | . | . | . | . | . |
| *pratensis* L. | . | . | ∷ | . | . | # | . | . | . | . | . |
| *Braya supina* Koch | . | . | ∷ | . | . | . | . | # | . | . | . |
| *Sisymbrium officinale* Scop. | . | . | ∷ | . | ∷ | . | . | # | . | . | . |
| *Viola staguina* Kit. | ∷ | . | . | . | . | # | . | . | . | . | . |
| *arenaria* DC. | . | . | . | . | # | . | . | ∷ | . | . | . |
| *Dianthus deltoides* L. | . | . | ∷ | # | . | . | . | ∷ | . | . | . |
| *arenarius* L. | . | . | . | ∷ | # | . | . | . | # | . | . |
| *Arenaria serpyllifolia* L. | . | . | . | ∷ | # | . | . | ∷ | . | . | . |
| *Malva rotundifolia* L. | . | . | . | ∷ | # | . | . | . | . | . | . |
| *borealis* L. | . | . | . | ∷ | # | . | . | . | . | . | . |

| Name der Pflanze. | Laubwald. | Nadelwald. | Wiesen. | Sonn. Anhöhen. | Felder. | Sümpfe und sumpfiges Land. | Sandflächen. | Strandflora. | Felsen. | Süsses Wasser. | Meerwasser. |
|---|---|---|---|---|---|---|---|---|---|---|---|
| Geranium robertianum L. | . | . | . | . | . | . | . | :: | # | . | . |
| Astragalus hypoglottis L. | :: | . | . | # | . | . | . | . | . | . | . |
| Lathyrus pratensis L. | # | . | :: | . | . | . | . | . | . | . | . |
| Anthyllis vulneraria L. | . | . | # | . | . | . | . | . | :: | . | . |
| Medicago lupulina L. | . | . | :: | . | # | . | . | . | . | . | . |
| Trifolium montanum L. | . | . | :: | # | . | . | . | . | . | . | . |
|   medium L. | . | . | . | # | . | . | . | :: | . | . | . |
| Astragalus arenarius L. | . | . | . | # | . | . | . | :: | . | . | . |
| Rosa cinnamomea L. | # | . | :: | . | . | . | . | . | . | . | . |
| Spiraea Filipendula L. | . | . | # | :: | . | . | . | . | . | . | . |
| Geum rivale L. | . | . | :: | . | . | # | . | . | . | . | . |
| Potentilla argentea L. | . | . | :: | # | . | . | . | . | . | . | . |
|   verna L. | . | . | # | :: | . | . | . | . | . | . | . |
|   cinerea Chaix. | . | :: | # | :: | . | . | . | . | . | . | . |
| Fragaria vesca L. | . | . | . | # | :: | . | . | . | . | . | . |
| Epilobium angustifolium L. | . | . | . | . | . | # | . | . | . | :: | . |
| Myriophyllum verticillatum L. | . | . | . | . | . | . | . | . | . | :: | # |
|   spicatum L. | . | . | . | . | . | . | . | . | . | # | :: |
| Scleranthus perennis L. | . | . | . | # | . | . | . | :: | . | . | . |
| Herniaria glabra L. | . | . | . | # | . | . | . | :: | . | . | . |
| Sedum album L. | . | . | . | :: | . | . | . | :: | # | . | . |
|   acre L. | . | . | . | # | . | . | . | :: | :: | . | . |
| Ribes alpinum L. | :: | . | . | # | . | . | . | . | . | . | . |
| Pimpinella Saxifraga L. | . | # | . | . | . | . | . | . | . | . | . |
| Galium uliginosum L. | . | . | :: | . | . | # | . | . | . | . | . |
| Scabiosa Columbaria L. | . | . | . | # | . | . | . | . | :: | . | . |
| Inula salicina L. | :: | . | . | # | . | . | . | . | . | . | . |
| Hypochoeris maculata L. | . | . | # | :: | . | . | . | . | . | . | . |
| Leontodon autumnale L. | . | . | # | . | . | . | :: | . | . | . | . |
| Hieracium umbellatum L. | . | . | :: | # | . | . | . | . | . | . | . |
| Erigeron acer L. | . | . | . | # | . | . | :: | . | . | . | . |
| Hieracium Pilosella L. | . | . | . | # | . | . | . | . | :: | . | . |
| Vaccinium Vitis idaea L. | . | # | . | . | . | . | . | :: | . | . | . |
|   uliginosum L. | . | # | . | . | . | :: | . | . | . | . | . |
| Calluna vulgaris L. | :: | :: | . | . | . | . | # | . | . | . | . |
| Arctostaphylos officinalis Wimm. | . | # | . | . | . | . | :: | . | . | . | . |
| Pinguicula vulgaris L. | . | . | # | . | . | :: | . | . | . | . | . |
| Trientalis europaea L. | :: | # | . | . | . | . | . | . | . | . | . |
| Androsace septentrionalis L. | . | :: | . | # | . | . | . | . | . | . | . |
| Primula farinosa L. | . | . | :: | . | . | # | . | . | . | . | . |
| Vincetoxicum officinale Mönch | # | . | :: | . | . | . | . | . | . | . | . |

— 33 — Archiv S.605.

| Name der Pflanze. | Laubwald. | Nadelwald. | Wiesen. | Sonn. Anhöhen. | Felder. | Sümpfe und sumpfiges Land. | Sandflächen. | Strandflora. | Felsen. | Süsses Wasser. | Meerwasser. |
|---|---|---|---|---|---|---|---|---|---|---|---|
| *Myosotis stricta* Lk. | . | . | # | :: | . | . | . | . | . | . | . |
| *Echium vulgare* L. | . | . | . | # | :: | . | . | . | . | . | . |
| *Echinospermum Lappula* L. | . | . | . | :: | :: | . | . | . | # | . | . |
| *Hyoscianus niger* L. | . | . | . | # | . | . | . | :: | :: | . | . |
| *Solanum Dulcamara* L. | . | . | . | :: | . | # | . | . | . | . | . |
| *Veronica Chamaedrys* L. | # | . | :: | :: | . | . | . | . | . | . | . |
|   *longifolia* L. | # | . | :: | . | . | . | . | . | . | . | . |
|   *serpyllifolia* L. | # | :: | . | . | . | . | . | . | . | . | . |
|   *officinalis* L. | . | . | # | :: | . | . | . | . | . | . | . |
|   *hederaefolia* L. | . | . | :: | . | # | . | . | . | . | . | . |
|   *spicata* L. | . | . | . | # | . | . | . | . | :: | . | . |
| *Odontites vulgaris* Mönch | . | . | :: | . | # | . | . | . | . | . | . |
| *Euphrasia officinalis* L. | . | . | . | # | :: | . | . | . | . | . | . |
| *Verbascum nigrum* L. | . | . | . | # | :: | . | . | . | . | . | . |
| *Lycopus europaeus* L. | # | . | . | . | . | . | :: | . | . | . | . |
| *Scutellaria galericulata* L. | :: | . | . | . | . | # | . | . | . | . | . |
| *Thymus Serpyllum* L. | . | . | . | :: | . | . | . | # | . | . | . |
| *Calamintha Acinos* L. | . | . | . | :: | . | . | . | . | . | # | . |
| *Stachys palustris* L. | . | . | . | . | :: | # | . | . | . | . | . |
| *Rumex crispus* L. | . | . | :: | . | . | . | . | . | # | . | . |
| *Polygonum aviculare* L. | . | . | . | # | . | . | . | . | :: | . | . |
| *Empetrum nigrum* L. | . | # | . | :: | . | . | :: | . | . | . | . |
| *Betula nana* L. | :: | . | . | . | . | # | . | . | . | . | . |
|   *pubescens* Ehrh. | :: | . | . | . | . | # | . | . | . | . | . |
| *Alnus incana* DC. | :: | . | . | . | . | # | . | . | . | . | . |
| *Juniperus communis* L. | . | . | :: | # | . | . | . | . | . | . | . |
| *Anacamptis pyramidalis* L. | # | . | . | :: | . | . | . | . | . | . | . |
| *Gymnadenia Conopsea* L. | :: | . | . | . | . | # | . | . | . | . | . |
| *Epipactis rubiginosa* Good. | . | . | . | :: | . | . | . | # | . | . | . |
| *Tofieldia calyculata* Wahlbg. | :: | . | . | . | . | # | . | . | . | . | . |
| *Carex muricata* L. | # | . | :: | . | . | . | . | . | . | . | . |
|   *montana* L. | :: | . | # | . | . | . | . | . | . | . | . |
|   *panicea* L. | :: | . | # | . | . | . | . | . | . | . | . |
|   *pallescens* Ehrh. | :: | . | # | . | . | . | . | . | . | . | . |
|   *caespitosa* L. Fr. | . | . | # | . | . | # | . | . | . | . | . |
|   *flava* L. | . | . | :: | . | . | # | . | . | . | . | . |
|   *hirta* L. | . | . | . | . | . | . | # | :: | . | . | . |
|   *arenaria* L. | . | . | . | . | . | . | # | :: | . | . | . |
|   *vulpina* L. | . | . | . | . | . | :: | . | . | . | # | . |
| *Heleocharis palustris* R. Br. | . | . | . | . | . | # | . | . | . | :: | . |
| *Milium effusum* L. | :: | # | . | . | . | . | . | . | . | . | . |

| Name der Pflanze. | Laubwald. | Nadelwald. | Wiesen. | Sonn. Anhöhen. | Felder. | Sümpfe und sumpfiges Land. | Sandflächen. | Strandflora. | Felsen. | Süsses Wasser. | Meerwasser. |
|---|---|---|---|---|---|---|---|---|---|---|---|
| *Holcus lanatus* L. | :: | . | # | . | . | . | . | . | . | . | . |
| *Triodia decumbens* P. d. B. | :: | . | # | . | . | . | . | . | . | . | . |
| *Poa annua* L. | # | . | . | . | :: | . | . | . | . | . | . |
| *nemoralis* L. | # | . | . | . | . | . | . | . | . | :: | . |
| *Molinia caerulea* Mönch | :: | . | # | . | . | . | . | . | . | . | . |
| *Dactylis glomerata* L. | # | . | . | :: | . | . | . | . | . | . | . |
| *Agrostis alba* L. | . | . | # | . | . | . | . | . | :: | . | . |
| *Avena pratensis* L. | . | . | # | :: | . | . | . | . | . | . | . |
| *Brachypodium pinnatum* L. | . | . | # | :: | . | . | . | . | . | . | . |
| *Bromus inermis* Leyss. | . | . | # | :: | . | . | . | . | . | . | . |
| *Koeleria cristata* Pers. | . | . | . | :: | . | . | # | . | . | . | . |
| *glauca* DC. | . | . | . | :: | . | . | # | . | . | . | . |
| *Phragmites communis* Fr. | . | . | . | . | . | # | . | . | . | . | :: |
| *Glyceria distans* Wahlb. | . | . | . | . | . | . | :: | . | # | . | . |

Wenn über grössere Länderstrecken solche Tabellen aufgestellt werden würden, so könnte man hierdurch am ersten zu einer Bestimmung der **Urheimath** einer jeden Pflanze gelangen.

Vergleichen wir die Flora der Insel Oesell mit der des benachbarten silurischen Gebietes, so sehen wir, dass hier gewisse Pflanzen, welche sich dort sehr allgemein verbreitet finden, nicht vorkommen. Hierzu gehört namentlich *Chrysosplenium alternifolium* L. Dagegen werden wir hier einen Reichthum an Pflanzen gewahr, welche in dem angrenzenden silurischen Gebiet vergeblich gesucht werden, und der in der That für ein so kleines Ländchen überraschend ist. Dieses sind: *Ranunculus marinus* Fr., *R. reptans* L., *Cochlearia danica* L., *Thlaspi perfoliatum* L., *Hutschinsia petraea* R. Br., *Geranium lucidum* L., *Astragalus arenarius* L., *Ervum cassubicum* Peterm., *Orobus niger* L., *Myrrhis odorata* Scop., *Hedera Helix* L.,

*Valerianella olitoria* Mönch, *Scabiosa Columbaria* L., *Petasites officinalis* Mönch, *Artemisia maritima* L., *Melampyrum arvense* L., *Orobanche major* L., *Marrubium vulgare* L., *Galeopsis Tetrahit* L., *Polygonum oxyspermum* Bunge & C. A. Meyer, *Ruppia rostellata* Koch, *Zanichellia major* Böningh, *Z. polycarpa* Nolte, *Najas marina* L., *Orchis Morio* L., *O. Traunsteineri* Saut., *O. sambucina* L., *Anacamptis pyramidalis* L., *Cephalanthera ensifolia* L., *Asparagus officinalis* L., *Chaetospora nigricans* Kunth, *Carex divulsa* Good., *Ammophila arenaria* L.

Bei einem Besuche, den ich in Begleitung meines verehrten Freundes Mag. Adolph Göbel, den Waigat-Inseln, westlich von Filsand, im Jahre 1855 abstattete, fand ich daselbst eine Vegetation, die uns ein Bild von der Strandflora gibt. Auf nackten Felsen und zwischen den mit Erde, Geröll und Vogelunrath angefüllten Spalten fanden sich folgende Gewächse, welche Schmidt[7]) in seiner „Flora des silurischen Bodens von Ehstland, Nord-Livland und Oesel" angiebt: *Crambe maritima* Scop., *Cakile maritima* L., *Erysimum strictum* Gärtn., *Vicia Cracca* L., *Anthyllis vulneraria* L., *Potentilla anserina* L., *Spergula nodosa* L., *Spergularia salina* Presl., *Sedum acre* L., *Galium verum* L., *Ribes alpinum* L., *Artemisia maritima* L., *A. campestris* L., *Achillea Millefolium* L., *Senecio vulgaris* L., *Sonchus arvensis* L., *Carduus crispus* L., *Erythraea linariaefolia* Pers., *Glaux maritima* L., *Plantago maritima* L., *Rumex crispus* L., *Polygonum Convolvulus* L., *P. aviculare* L., *Atriplex hastata* L., *A. littoralis* L., *Juncus Gerardi* Lois. Im folgenden Jahre fand der Herr Mag. Fr. Schmidt hier noch *Cardamine hirsuta* L.

Wenn schon in Gegenden, welche durch anmuthige oder

---

[7]) „Flora des silur. Bodens von Ehstland, Nord-Livland und Oesel" von Fr. Schmidt. Im Archiv für die Naturkunde Liv-, Ehst- und Kurlands, II. Serie, Bd. I, S. 182.

groteske Formen der Gebirge charakterisirt sind, die sie bekleidende Pflanzendecke das Hauptbestimmende der Physiognomie der Gegend ist, wie Alexander von Humboldt dieses gezeigt hat[8]), wie viel mehr muss dieses in einem Lande der Fall sein, wo der Boden durch keine auffallende Höhenverhältnisse charakterisirt ist, wie bei uns.

Betrachten wir daher nun den physiognomischen Charakter unserer Flora, so finden wir, dass sich folgende charakteristische Pflanzenformen hier finden, welche die „Physiognomie der Natur", wie Humboldt[9]) sich ausdrückt, charakterisiren. Da die von Alexander von Humboldt aufgestellten sechszehn[10]) hierher gehörigen Pflanzenformen nicht als hinreichend sich erwiesen haben, so zählen wir sie nach der Angabe von Meyen[11]) auf:

1. **Gräserform**: Hierher sind aus unserer Flora Pflanzen aus den Familien der *Gramineae* und *Cyperaceae* zu rechnen. Die Gewächse dieser beiden Familien entwickeln eine solche Anzahl der Species, dass sie wol als den physiognomischen Charakter bedingend angesehen werden müssen. Besonders charakteristisch ist das Vorkommen von *Phragmites communis* Fr., weil es an den Meeresufern, gleichsam das verbindende Glied zwischen Meer und Land bildend, die ausschliessliche Vegetation bildet, während die übrigen Gramineen im bunten Gemisch durcheinander den Pflanzenteppig weben.

2. **Die Iuglandinceuform**: Hierher gehören aus unserer Flora die *Fraxinus excelsior* L., *Sorbus Aucuparia* L.

---

8) Alexander von Humboldt „Ansichten der Natur", 3. Aufl., Bd. II, S. 20 ff. in dem Aufsatze: Ideen zu einer Physiognomik der Gewächse.
9) A. v. Humboldt a. a. O. S. 22 und 23.
10) A. v. Humboldt a. a. O. S. 30.
11) Meyen „Grundriss der Pflanzengeographie".

und *S. scandica* Fr. — Diese kommen in unserer Flora nicht in so grosser Anzahl der Individuen beisammen vor, dass sie zu den die Physiognomie der Landschaft bestimmenden Pflanzen gerechnet werden dürfen. Sie dienen nur dazu, das bunte Gemisch des Laubwaldes zu vermehren.

3. **Laubbäume mit einfachen Blättern.** Hierher gehören unsere meisten Laubbäume, die zusammen den früher oben erwähnten Standort „Laubwald" zusammensetzen. Als für die Physiognomik der Landschaft bedeutungsvoll muss hier zuerst die *Betula* erwähnt werden, welche für alle sumpfigen nordischen Gegenden dasselbe ist, was die Palme für den tropischen Wald. Aber die *Betula* kommt nicht nur in Gesellschaft mit den andern Laubbäumen als wesentliches Glied unserer Laubwälder vor, sondern sie findet sich auf weiten Strecken als die einzige Repräsentantin der Bäume und verleiht daher, namentlich durch das auffallende Weiss ihres Stammes, solchen Gegenden die eigenthümliche Physiognomie. In gewissen Gegenden spielt auch *Quercus pedunculata* Ehrh. eine bedeutende Rolle, wie bei Koiküll und Clausholm, so wie *Populus tremula* L.

4. **Coniferenform.** Diese sind in physiognomischer Beziehung durch *Pinus silvestris* L., *Abies excelsa* DC. und *Juniperus communis* L. vertreten. Während *Pinus* und *Abies* grosse Wälder bilden, in denen die einzelnen Stämme oft zu einer überraschenden Höhe gelangen, kommt *Juniperus* nur als Strauch vor, und tritt besonders als Bezeichner trockener Flächen auf.

5. **Die Ericaceenform.** Diese ist hier besonders durch die Gattung *Calluna vulgaris* L. vertreten, welche überall, wo sie sich findet, als die Verkündigerin eines unfrucht-

baren und dürren Bodens auftritt, was nach Alexander von Humboldt für alle Baltischen Länder der Fall ist[12]).

6. Die Rosenform. Pflanzen, die zu dieser Form gehören, treten hier ganz vereinzelt auf, und dienen daher nicht dazu, den physiognomischen Charakter zu bestimmen.

7. Die Umbelliferenform. Repräsentanten dieser Form finden sich vereinzelt, wovon nur *Carum Carvi* L. eine Ausnahme macht, das im Mai und Juni mit seinen weissen Blüthen trockene Wiesen überzieht.

8. Die Distelform. Die zu dieser Pflanzenform gehörigen Pflanzen treten in unserer Flora nur ungesellig lebend, einzeln auf, woher sie wohl auch niemals den physiognomischen Charakter der Landschaft bedingen. Höchstens bekommen zuweilen die Ackerränder durch das Auftreten der verschiedenen Species aus der Gattung *Centaurea* ein eigenthümliches Ansehen.

9. Die Crassulaceenform. Diese Form ist durch *Sedum* vertreten, dessen zwei Species bisweilen, namentlich *Sedum acre* L., das Aussehen eines Ortes charakterisiren. Mauern, Schutthaufen und sonnige Anhöhen sind oft von dieser so dicht bekränzt, dass ihr physiognomischer Charakter als durch dieses kleine Pflänzchen gebildet erscheint.

10. Die Lilienform. Hierher gehörige Pflanzen, namentlich durch die Gattung *Allium* vertreten, bedingen in unserer Flora niemals den physiognomischen Charakter.

11. Die Orchideenform. Die Familie der Orchideen gehört zu denjenigen, welche unsere Flora besonders von der des angrenzenden Festlandes auszeichnet. Wie aus Seite 20 hervorgeht, so besitzen wir fünf Orchideen mehr,

---

[12]) A. v. Humboldt a. a. O. S. 30.

als das angrenzende silurische Gebiet deren aufzuweisen hat. Unter diesen sind es die *Orchis Traunsteineri* Saut. und die *Anacamptis pyramidalis* L., welche stellenweise als wesentlich den physiognomischen Charakter bestimmend auftreten. Erstere verleiht namentlich gewissen sumpfigen Wiesen, mit niedrigem Strauchwerk bewachsen, auf denen sich viele Quellen finden, in der Nähe von Mento, auf der Halbinsel Sworbe, ein eigenthümliches Gepräge; letztere ziert zu kleinen Gruppen vereinigt die in botanischer Hinsicht so interessanten Ufer des Kaanda-Sees, in der Nähe der anmuthigen Piddulschen Bucht. *Orchis militaris* L. ist sonst noch diejenige Orchidee, welche auf Oesells Wiesen in pflanzenphysiognomischer Hinsicht die wichtigste Rolle spielt. Die übrigen in die Familie der Orchideen gehörigen Gewächse kommen mehr oder weniger nur vereinzelt vor und dienen zum Schmuck der Wälder und Wiesen.

12. **Die Lianenform oder die Form der Schlingpflanzen.** Diese für die Tropenwälder so charakteristische Form ist bei uns nur sehr spärlich vertreten. Wir finden bei uns als solche den *Humulus Lupulus* L., welcher besonders bei Sandel so viel vorkommt, dass er wol als charakteristisch gelten kann. Dagegen ist das Vorkommen von *Convolvulus sepium* L. und *Hedera Helix* L. so vereinzelt, dass sie durchaus nicht als die landschaftliche Physiognomie bestimmend angesehen werden können.

13. **Die Nymphaeenform.** Diese Pflanzen bestimmen den Charakter der Seen und fliessenden Gewässer. Hierher gehören vor Allen *Nymphaea alba* L. und *Nuphar luteum* Sm.; ausserdem aber auch noch *Hydrocharis morsus Ranae* L., das sich nur vereinzelt im Solm findet, ferner die Arten von *Potamogeton*, sowie die im Wasser lebenden Species

von *Polygonum* und *Ranunculus aquatilis* L., sie sehr häufig sind. Auch dürfte *Ranunculus sceleratus* L. hierher zu zählen sein, welcher freilich nur an den Rändern der Bäche sich zeigt, aber oft in einer bedeutenden Anzahl beisammen.

14. Form der Halbsträucher. Die hierher gehörigen Gewächse haben theils zu wenig charakteristische Formen, theils kommen sie auch zu wenig vor, als dass sie für den physiognomischen Charakter der Landschaften unseres Gebietes von Bedeutung wären.

15. Formen der Alpenkräuter. Hierher gehört unsere so sehr verbreitete und massenweise vorkommende *Primula farinosa* L., welche im Frühlinge alle sumpfigen Wiesen, und theilweise auch die Sümpfe selbst, wie bei Hasik, in ein rothes Gewand kleidet. Bei dieser Pflanze habe ich oft ein zweites Blühen im Herbst beobachtet.

16. Die Lemnenform. Diese ist für stehende Gewässer charakteristisch, wo sie ganze grüne Teppiche auf der Oberfläche bildet.

In physiognomischer Beziehung müssen wir nun auch die Pflanzen noch besonders hervorheben, welche nicht allein für die Sommermonate, sondern auch für den Winter charakteristisch sind, und die Physiognomie der Landschaft bedingen. Da im Winter in unserem Gebiete die ganze Erde mit Schnee bedeckt ist, so können dieses nur Gewächse sein, welche baumartig sind. Hierher dürften nun, im Gegensatze zu den gewöhnlichen, aus vielen Species gebildeten Laubwäldern, die Landschaften gehören, welche nur mit Species aus der Gattung *Betula* bewachsen sind. Die meisten Stämme der *Betula* sind auch im Winter durchaus charakteristisch. Und dann sind hierher noch die Wälder von *Abies excelsa* DC. und *Pinus silvestris* L. zu rechnen.

Bevor ich nun zur systematischen Aufzählung der auf Oesell vorkommenden Species schreite, erlaube ich mir im Folgenden noch einen Blick auf die über Oesell angestellten Forschungen in botanischer Beziehung zu werfen. Lange Zeit war Oesell in wissenschaftlicher Hinsicht eine vollkommene terra incognita, bis im Jahre 1823 der Herr Dr. v. Luce seine „topographischen Nachrichten von der Insel Oesel in medicinischer und ökonomischer Hinsicht, Riga 1823," herausgab. Durch diese Schrift begann er den Schleier zu lüften, durch den dieses Ländchen den Augen der Wissenschaft verhüllt worden war, und bald zeigten sich die segensreichen Folgen dieses Werkes. Angelockt durch dasselbe, besuchten im folgenden Jahre, 1824, der nachmalige Akademiker C. A. Meyer und der Studirende, jetzige Professor der Botanik in Dorpat, A. v. Bunge, die Insel. Als die Frucht dieser Reise, so wie der fortgesetzten Studien des Herrn Dr. v. Luce, erschien der: „Nachtrag zum Prodromo florae osiliensis, nebst einem vollständigen Register. Von Dr. Luce. Reval 1829." Obgleich nun diese beiden von Herrn Dr. v. Luce herausgegebenen Schriften höchst unzuverlässig sind, so dürfen wir dennoch dem Herausgeber derselben den gebührenden Dank nicht versagen, weil durch diese die Aufmerksamkeit der Männer der Wissenschaft auf Oesell gewendet wurde. In diesen Werken kommen nicht nur vielfache Verwechselungen vor, auf die schon Ledebour in seiner „Flora Rossica" aufmerksam gemacht hat, sondern wir finden in den Werken, namentlich im ersteren, oft Angaben ganz neuer Species, die aber wiederum mit so kurzen und mangelhaften Diagnosen versehen sind, dass es noch nicht gelungen ist, dieselben mit Sicherheit zu deuten. — Die Forschungen der Herren Bunge und Meyer finden sich besser in Ledebour's „Flora Rossica" niedergelegt. Am genauesten und mit der grössten Sorgfalt ausgearbeitet, finden sie sich in der neuen Auflage von Fleischer's „Flora der Ostseeprovinzen", herausgegeben von Prof. Bunge. Mitau und Leipzig 1843.

1841 besuchten die Studenten aus Dorpat Jäsche und Duhmberg Oesell. 1847 wiederholte Duhmberg seine Reise. Die Resultate dieser beiden Excursionen sind durch die Arbeiten des Herrn Mag. phil. Fr. Schmidt veröffentlicht worden, der Gelegenheit hatte, die Herbarien der genannten Herren einer Durchsicht zu unterwerfen.

1849 machte der Student Kierulf eine Reise durch Oesell. Seine schöne Pflanzensammlung ist auch von Schmidt berücksichtigt.

1850 erschien von dem Herrn Dr. Johnson in einer Abhandlung der freien öconomischen Gesellschaft zu St. Petersburg eine Beschreibung der Insel Oesell. Die hier von ihm und dem Herrn Prof. Dr. Schichowski angeführten Pflanzen haben sich nicht alle als richtig erwiesen.

Im Jahre 1851 unternahm Dr. Müller aus Riga eine Reise nach Oesell, deren Resultate aber leider im höchsten Grade unzuverlässig sind, und wir können nur dem Herrn Fr. Schmidt vollkommen beistimmen, wenn er sagt[13]): „In Nr. 1 des 6. Jahrgangs (Correspondenzblatt des naturforschenden Vereins zu Riga) erschien der Versuch eines Vegetationsgemäldes von Oesell von demselben Verfasser (Dr. Müller), in welchem auf die Schilderung der besuchten Gegenden und des Eindrucks, den die Vegetation an verschiedenen Orten auf den Verfasser machte, das Hauptaugenmerk gewandt zu sein scheint, die richtige Bestimmung und genaue Auffassung der

---

13) Fr. Schmidt „Flora der Insel Moon". S. 22 in der Anmerkung.

beobachteten Pflanzen aber nur ein secundäres Interesse gewesen sein muss." Mir erscheint es so, als wenn der Herr Dr. Müller in vielen seiner Angaben dem Herrn Dr. v. Luce gefolgt ist, wo er leider das Unglück gehabt hat häufig gerade die Fehler dieses alten Forschers acceptirt zu haben, wie z. B. bei *Isnardia palustris*, welche Pflanze Luce für Kattri bei Hoheneichen, Dr. Müller aber an den Ufern der Wieck angiebt, und die keiner von den andern Botanikern gefunden hat. 1852 erschien das Werk von Wiedemann und Weber „Beschreibung der phanerogamischen Gewächse Ehst-, Liv- und Kurlands, mit möglichst genauer Angabe der Fundorte und der geographischen Verbreitung, nebst Andeutungen über den Gebrauch in medicinisch-technischer und öconomischer Beziehung. Reval 1852." Mit so grossem Fleisse dieses Werk ausgearbeitet ist, so kann es dennoch dem Vorwurfe nicht entgehen, dass es stellweise ungenau ist. In dem sich auf Oesell beziehenden Theile vermisst man nur zu sehr eine auf Autopsie gegründete Schilderung. Auch sind die von dem Herrn Dr. v. Luce als neu aufgeführten Species einer zu umfassenden Kritik unterworfen worden, da dieselben, wie jeder Botaniker leicht einsieht, nicht zu deuten sind, und daher vollkommen ausserhalb des Gebietes der naturwissenschaftlichen Forschung liegen. Kritiken über dieses Werk finden sich auch noch in Schmidt „Flora des silurischen Bodens, S. 156" und in der Zeitschrift „das Inland, 1852, Nr. 45". Die ausführlichste Kritik der falsch bestimmten Pflanzen in diesem Werke findet sich im „Bulletin phys. math. de l'Acad. des sc. de St. Petersbourg. T. XIII, Nr. 8," von dem Akademiker Dr. Ruprecht.

1852 und 1853 untersuchte der Herr Jacobson Oesell in botanischer Hinsicht. Die Resultate seiner Forschungen finden sich bei Wiedemann und Weber, sowie bei Fr. Schmidt.

Seit mehreren Jahren durchforschten die Herren Werner und Bruttan, meine hochverehrten Lehrer, mit vorzüglichem Fleisse und Eifer die Insel Oesell. Ihre Angaben finden sich in den Schriften von Wiedemann und Weber, Bunge und Schmidt. Da die genannten Herren ganz auf Oesell lebten, so hatten sie Gelegenheit zu allen Jahreszeiten Forschungen anzustellen, woher wir ihnen die Entdeckung sehr vieler Gewächse für unsere Flora verdanken. Da sie jedoch vielfach durch Berufsgeschäfte von den naturwissenschaftlichen Forschungen abgehalten wurden, so konnten sie ihre Untersuchungen nicht mit einer solchen Genauigkeit ausführen, als dieses von dem Herrn Mag. Fr. Schmidt geschehen ist, welcher das ganze Gebiet des silurischen Bodens der Ostseeprovinzen seinen Beobachtungen unterwarf. Seit 1846 verbrachte er die Sommerferien auf der angrenzenden Insel Moon, welche Insel er in geognostischer sowohl als botanischer Hinsicht gründlich ausbeutete, in Folge dessen er die Schrift: „Flora der Insel Moon, nebst orographisch-geognostischer Darstellung ihres Bodens. Dorpat, 1853." herausgab. 1851 bis 1855 hat Herr Mag. Schmidt jährlich auf Oesell botanische Forschungen angestellt, deren Resultate er in seiner ausgezeichneten Schrift: „Flora des silurischen Bodens von Ehstland, Nord-Livland und Oesel, Dorpat 1855." veröffentlicht hat.

Schliesslich erlaube ich mir zu bemerken, dass ich zu den verschiedensten Jahreszeiten Gelegenheit gehabt habe die meisten in botanischer Beziehung interessanten Orte zu besuchen. Im Anfange meiner botanischen Excursionen auf Oesell war es mir besonders lehrreich an der Seite meines vielgeliebten Lehrers, des Herrn Oberlehrers Werner, die wichtigsten Pflanzenformen kennen zu lernen, so wie später durch die Güte des Herrn Friedrich Schmidt auf mehrere interessante Verhältnisse unserer Flora aufmerksam gemacht zu werden. Diesen beiden Herren sowohl, als auch dem Herrn Mag. Adolph Göbel, sage ich für ihre Hülfe hierdurch meinen besonderen Dank.

Bei dem hier folgenden Verzeichniss der **phanerogamischen Gewächse** der Insel Oesell habe ich die für unsere Flora vollkommen gesicherten Species ohne Angabe des Fundorts und Finders aufgeführt, während ich bei den zweifelhaften Species die Namen des Finders hinzugefügt habe, damit derjenige, der sich genauer mit der Flora beschäftigen wollte, bei den Autoren selbst das Nähere zu finden vermöchte. Als sichere, unzweifelhaft auf Oesell vorkommende Pflanzen habe ich nur solche bezeichnet, die ich selbst oder die Schmidt entweder gefunden, oder in den Herbarien Anderer gesehen hat. Hierdurch glaube ich ein möglichst gesichertes und richtiges Verzeichniss geliefert zu haben, wenigstens einer unnützen Angabe von nicht vorkommenden Pflanzen vorgebeugt zu haben. Falls sich noch andere Pflanzen, etwa solche, die ich hier noch als zweifelhaft aufstelle, finden sollten, so werden gewiss alle Freunde unserer Wissenschaft diese neuen Entdeckungen mit Freuden als eine willkommene Gabe für die Kenntniss unserer Ostseeprovinzen begrüssen.

## I. Dicotyledoneae.

### A) *Thalamiflorae.*

#### 1. Fam. *Ranunculaceae.*

1. *Thalictrum flavum* L.
   2. *Th. aquilegifolium* L. Dr. Müller. Luce.
   3. — *angustifolium* Jacq. Dr. Müller. Ledebour. Luce. Wiedemann und Weber.
   4. — *simplex* L. Schmidt.
2. *Pulsatilla pratensis* L.
   6. *P. patens* Mill. Luce und Ledebour.
   7. — *vulgaris* Mill. Wiedemann und Weber.
   8. — *vernalis* Mill. Luce und Ledebour.
3. *Anemone nemorosa* L.
4. — *ranunculoides* L.
   11. *A. alpina* L. Luce und Ledebour.
5. — *silvestris* L.
6. *Hepatica triloba* Chaix.
7. *Myosurus minimus* L.
8. *Ranunculus aquatilis* L.
9. — *divaricatus* Schrnk.
   17. *R. hederaceus* L. Luce und Ledebour.
   18. — *heterophyllus* Wigg. Luce.
10. — *marinus* Fr.
11. — *Flammula* L.
12. — *reptans* L.
13. — *Lingua* L.
14. — *auricomus* L.
15. — *cassubicus* L.
16. — *acris* L.
17. — *polyanthemos* L.
18. — *nemorosus* DC.
    25. *R. aconitifolius* L. Luce.
    29. — *gramineus* L. Luce.
19. — *repens* L.
20. — *bulbosus* L.
21. — *sceleratus* L.
22. *Ficaria ranunculoides* Mönch.

23. *Caltha palustris* L.
24. *Trollius europaeus* L.
25. *Aquilegia vulgaris* L.
26. *Delphinium Consolida* L.
        35. *D. elatum* L.   Luce und Ledebour.
27. *Actaea spicata* L.

### 2. Fam. *Berberideae*.

28. *Berberis vulgaris* L.

### 3. Fam. *Nymphaeaceae*.

29. *Nymphaea alba* L.
30. *Nuphar luteum* Sm.

### 4. Fam. *Papaveraceae*.

31. *Papaver Argemone* L.
32. — *dubium* L.
        44. *P. Rhoeas* L.  Johnson, Wiedemann und Weber.
33. *Chelidonium majus* L.

### 5. Fam. *Fumariaceae*.

34. *Corydalis solida* Smith.
35. *Fumaria officinalis* L.

### 6. Fam. *Cruciferae*.

36. *Nasturtium palustre* DC.
37. — *amphibium* R. Br.
        50. *N. officinale* R. Br. (vergl. Schmidt: Flora des silur. Bod. S. 194).
        51. — *silvestre* R. Br. Johnson. Wiedem. u. Web.
38. *Barbarea vulgaris* R. B.
39. — *stricta* Andrzj.
40. *Turritis glabra* L.
41. *Arabis hirsuta* Scop.
        56. *A. alpina* L. Luce.
        57. — *Gerardi* Bess. Ledebour.
42. — *arenosa* Scop.
        59. *A. Halleri* L. Luce.
43. *Cardamine hirsuta* L.
44. — *amara* L.
45. — *pratensis* L.

46. *Dentaria bulbifera* L.
47. *Berteroa incana* DC.
48. *Alyssum montanum* L.
   66. *A. campestre* L.   Lucc.
49. *Erophila vulgaris* DC.
50. *Draba contorta* Ehrh.
51. — *muralis* L.
52. *Cochlearia danica* L.
   71. *C. officinalis* L.   Lucc, Wiedemann und Weber.
   72. — *Armoracia* L.   Lucc und Ledebour.
   73. — *Coronopus* L.   Lucc.
53. *Thlaspi arvense* L.
54. — *perfoliatum* L.
   76. *Th. montanum* L.   Ledebour.
55. *Cakile maritima* Scop.
56. *Sisymbrium officinale* Scop.
57. — *Sophia* L.
58. — *Alliaria* Scop.
59. — *Thalianum* Gaud.
60. *Braya supina* Koch.
61. *Erysimum cheiranthoides* L.
62. — *strictum* Gärtn.
63. *Camelina sativa* Crantz.
64. *Capsella Bursa-Pastoris* Mönch.
65. *Hutchinsia petraea* R. Br.
66. *Lepidium ruderale* L.
   88. *L. campestre* R. Br.   Lucc.
67. — *latifolium* L.
68. *Isatis tinctoria* L.
69. *Neslia paniculata* Desv.
70. *Brassica Rapa* L.
   93. *B. campestris* L.   Lucc.
71. *Sinapis arvensis* L.
72. — *alba* L.
73. *Crambe maritima* L.
   97. *Rapistrum perenne* All.   Lucc.
   98. — *sativum* All.   Lucc.
74. *Raphanus Raphanistrum* L.
75. *Bunias orientalis* L.
   101. *Erucastrum Pollichii* Sch. & Sp.   Lucc u. Ledeb.

## 7. Fam. *Cistineae.*

76. *Helianthemum vulgare* Gärtn.
103. *Cistus serpyllifolius* L. Lucc.

## 8. Fam. *Violarieae.*

77. *Viola palustris* L.
78. — *epipsila* Ledeb.
79. — *uliginosa* Schrad.
80. — *hirta* L.
108. *V. odorata* L. Lucc.
109. — *collina* Bess. Wiedemann und Weber.
81. — *mirabilis* L.
82. — *persicifolia* Schkuhr.
83. — *pratensis* M. & K.
84. — *elatior* Fr.
85. — *stagnina* Kit.
86. — *stricta* Hornem.
87. — *canina* L.
88. — *silvestris* L.
89. — *arenaria* DC.
90. — *tricolor* L. Hierher gehört auch die von Dr. Lucc angeführte *V. bicolor* Lucc, die ohne Zweifel mit der Var. *V. arvensis* Murr. identisch ist.
120. *V. montana* L. Lucc.

## 9. Fam. *Droseraceae.*

91. *Drosera rotundifolia* L.
92. — *longifolia* L.
93. *Parnassia palustris* L.

## 10. Fam. *Polygaleae.*

94. *Polygala comosa* Schkuhr.
95. — *amara* L.
96. — *vulgaris* L.

## 11. Fam. *Sileneae.*

97. *Dianthus deltoides* L.
98. — *arenarius* L.
99. — *superbus* L.
130. *Gypsophila muralis* L. Wiedemann und Weber. Johnson.

131. *Gypsophila fastigiata* L. Schmidt.
100. *Silene inflata* Sm.
   133. *S. viscosa* Pers. Wiedemann und Weber.
101. — *noctiflora* L.
102. — *nutans* L.
103. *Melandryum silvestre* Röhl.
104. — *pratense* Röhl.
105. *Viscaria vulgaris* Röhl.
106. *Lychnis Flos-Cuculi* L.
107. *Githago segetum* Desv.

### 12. Fam. Alsineae.

108. *Sagina procumbens* L.
109. — *nodosa* L.
   140. *S. apetala* L. Wiedemann und Weber.
110. *Honckeneya peploides* Ehrh.
111. *Moehringia trinervia* L.
   144. *M. muscosa* L. Luce.
112. *Holosteum umbellatum* L.
113. *Stellaria nemorum* L.
114. — *media* Vill.
115. — *holostea* L.
116. — *glauca* With.
117. — *graminea* L.
118. — *uliginosa* Murr.
119. *Arenaria serpyllifolia* L.
120. *Cerastium glomeratum* Thuill.
121. — *semidecandrum* L.
122. — *arvense* L.
123. — *viscosum* L.
124. *Malachium aquaticum* Fries.

### 13. Fam. Lineae.

125. *Linum catharticum* L.

### 14. Fam. Malvaceae.

126. *Malva Alcea* L.
127. — *rotundifolia* L.
128. — *borealis* Wallr.
   163. *M. silvestris* L. Wiedemann und Weber.

### 15. Fam. *Tiliaceae.*
129. *Tilia parvifolia* Ehrh.

### 16. Fam. *Hypericineae.*
130. *Hypericum quadrangulum* L.
    166. *H. tetrapterum* Fries. Ledebour.
    167. — *humifusum* L. Luce.
131. — *perforatum* L.
132. — *hirsutum* L.

### 17. Fam. *Acerineae.*
133. *Acer platanoides* L.
    171. *A. campestris* L. Wiedemann und Weber.

### 18. Fam. *Geraniaceae.*
134. *Geranium pratense* L.
    173. *G. phaeum* L. Luce. Ledebour.
135. — *silvaticum* L.
136. — *palustre* L.
137. — *sanguineum* L.
    177. *G. argenteum* L. Luce.
138. — *pusillum* L.
    179. *G. dissectum* L. Luce. Ledeb. Wiedem. u. Web.
    180. — *rotundifolium* L. Luce. Ledebour. Johnson. Wiedemann und Weber.
139. — *molle* L.
140. — *lucidum* L.
141. — *robertianum* L.
142. *Erodium cicutarium* l'Her.

### 19. Fam. *Balsamineae.*
    185. *Impatiens Noli-tangere* L. Wiedemann u. Web.

### 20. Fam. *Oxalideae.*
143. *Oxalis Acetosella* L.

## B) Calyciflorae.

### 21. Fam. *Rhamneae.*
144. *Rhamnus cathartica* L.
145. — *Frangula* L.

## 22. Fam. *Papilionaceae*.

146. *Ononis hircina* Jacq.
'147. — *repens* L.
      191. *O. spinosa* L.   Luce. Ledebour.
148. *Anthyllis vulneraria* L.
149. *Medicago lupulina* L.
      194. *M. falcata* L.   Luce und Ledebour.
      195. — *ciliaris* Willd.   Luce.
150. *Melilotus alba* Lam.
151. — *officinalis* Lam.
152. — *macrorhiza* Kit.
153. — *dentata* Pers.
154. *Trifolium medium* L.
155. — *pratense* L.
156. — *alpestre* L.
157. — *arvense* L.
158. — *fragiferum* L.
159. — *montanum* L.
160. — *repens* L.
      207. *T. hybridum* L.   Luce und Ledebour.
      208. — *spadiceum* L.   Johnson. Wiedemann. Weber. Luce. Ledebour.
      209. — *agrarium* L.   Luce. Ledebour.
161. — *procumbens* L.
162. *Lotus corniculatus* L.
163. *Tetragonolobus siliquosus* L.
164. *Astragalus hypoglottis* L.
165. — *arenarius* L.
166. — *glycyphyllos* L.
      216. *Pisum arvense* L.   Luce und Ledebour.
167. *Vicia Cracca* L.
      218. *V. dumetorum* L.   Luce. Ledebour. Wiedemann und Weber.
168. — *sepium* L.
169. — *sativa* L.
170. — *angustifolia* Roth.
171. *Ervum hirsutum* L.
172. — *silvaticum* Peterm.
173. — *cassubicum* Peterm.
174. *Lathyrus pratensis* L.
175. — *silvestris* L.

227. *Lathyrus heterophyllus* L.  Schmidt.
176. *L. palustris* L.
177. *Orobus vernus* L.
178. — *niger* L.
    231. *Onobrychis sativa* Lam.  Wiedemann und Weber.
    232. *Hippocrepis comosa* L.  Luce.

## 23. Fam. *Amygdaleae.*

179. *Prunus spinosa* L.
180. — *Padus* L.

## 24. Fam. *Rosaceae.*

181. *Spiraea Ulmaria* L.
182. — *Filipendula* L.
    237. *S. salicifolia* L.  Wiedemann und Weber.
    238. — *Aruncus* L.  Luce.  Ledebour.
183. *Geum urbanum* L.
    240. *G. intermedium* Bess.  Luce.
184. — *rivale* L.
    242. *Sanguisorba officinalis* L.  Luce und Ledebour.
185. *Alchemilla vulgaris* L.
186. *Agrimonia Eupatoria* L.
187. *Potentilla anserina* L.
    245. *P. supina* L.  Luce.
    246. — *norvegica* L.  Luce.
188. — *Tormentilla* Sibth.
189. — *reptans* L.
    249. *P. procumbens* Sibth.  Wiedemann und Weber.
190. — *argentea* L.
    251. *P. aurea* L.  Luce.
191. — *verna* L.
192. — *alpestris* Hall.
193. — *cinerea* Chaix.
194. *Comarum palustre* L.
195. *Fragaria vesca* L.
196. — *collina* Ehrh.
197. *Rubus idaeus* L.
198. — *caesius* L.
    260. *R. fruticosus* L.  Luce.
199. — *saxatilis* L.
200. — *Chamaemorus* L.

201. *Rosa cinnamomea* L.
202. — *canina* L.
203. — *mollissima* Fr.

### 25. Fam. Pomaceae.

204. *Crataegus monogyna* Jacq.
205. *Cotoneaster vulgaris* Lindl.
206. *Pyrus Malus* L.
207. *Sorbus scandica* Fr.
208. — *aucuparia* L.

### 26. Fam. Oenotheraceae.

209. *Epilobium angustifolium* L.
210. — *hirsutum* L.
211. — *parviflorum* Schreb.
212. — *montanum* L.
213. — *palustre* L.
    276. *E. tetragonum* L. Luce. Ledebour.
    277. — *roseum* Schreb. Luce. Ledebour. Wiedemann und Weber.
214. *Circaea alpina* L.
    279. *Isnardia palustris* L. Luce. Dr. Müller.

### 27. Fam. Halorhageae.

215. *Myriophyllum verticillatum* L.
216. — *spicatum* L.
217. *Hippuris vulgaris* L.
    283. *H. maritima* Hellen. Ledebour.

### 28. Fam. Callitricheae.

218. *Callitriche verna* L.

### 29. Fam. Lythrarieae.

219. *Lythrum Salicaria* L.

### 30. Fam. Scleranthaceae.

220. *Scleranthus annuus* L.
221. — *perennis* L.

### 31. Fam. Paronychiaceae.

222. *Herniaria glabra* L.
    289. *Illecebrum verticillatum* L.

223. *Spergularia rubra* Pers.
224. — *salina* Presl.
225. *Spergula arrensis* L.
      293. *S. pentandra* L. Luce. Ledebour.

## 32. Fam. *Crassulaceae*.

226. *Sedum album* L.
      295. *S. maritimum* Sut. Luce und Ledebour.
      296. — *vulgare* Link. Luce.
      297. — *atratum* L. Luce.
      298. — *annuum* L. Ledebour.
227. — *acre* L.
      300. *S. rupestre* L. Luce.

## 33. Fam. *Grossulariaceae*.

228. *Ribes alpinum* L.
229. — *nigrum* L.
230. — *rubrum* L.
      304. *R. Grossularia* L. Wiedem. u. Web. Schmidt.

## 34. Fam. *Saxifragaceae*.

231. *Saxifraga granulata* L.
      306. *S. Hirculus* L. Wiedemann und Weber.
232. — *tridactylites* L.
      308. *Chrysosplenium alternifolium* L. Johnson. Luce. Ledebour. Wiedemann und Weber.

## 35. Fam. *Umbelliferae*.

233. *Sanicula europaea* L.
234. *Cicuta virosa* L.
235. *Aegopodium Podagraria* L.
      312. *Holosciadium inundatum* Koch. Luce u. Ledeb.
236. *Carum Carvi* L.
237. *Pimpinella magna* L.
238. — *saxifraga* L.
      316. *P. nigra* Willd. Luce.
239. *Sium latifolium* L.
240. *Aethusa Cynapium* L.
      319. *Oenanthe Phellandrium* Lam. Luce u. Ledebour.
      320. *Berula angustifolia* Koch. Luce und Ledebour.
      321. *Bupleurum rotundifolium* L. Luce u. Ledebour.

241. *Libanotis montana* All.
    323. *Seseli rarium* Trevir. Luce und Ledebour.
242. *Cnidium venosum* Koch.
243. *Selinum Carrifolia* L.
244. *Ostericum palustre* Bess.
245. *Angelica silvestris* L.
246. *Archangelica officinalis* Hoffm.
247. *Peucedanum palustre* Mönch.
248. *Heracleum sibiricum* L.
249. *Laserpitium latifolium* L.
    332. *L. pruthenicum* L. Luce und Ledebour.
250. *Daucus Carota* L.
    334. *Caucalis daucoides* L. Luce.
251. *Torilis Anthriscus* L.
252. *Anthriscus silvestris* L.
253. *Conium maculatum* L.
    338. *Chaerophyllum temulum* L. Luce. Ledebour.
    Wiedemann und Weber.
    339. — *aromaticum* L. Luce und Ledebour.
254. *Myrrhis odorata* Scop.
255. *Pastinaca sativa* L.

## 36. Fam. *Araliaceae*.

256. *Hedera Helix* L.

## 37. Fam. *Corneae*.

257. *Cornus sanguinea* L.

## 38. Fam. *Caprifoliaceae*.

258. *Viburnum Opulus* L.
259. *Lonicera Xylosteum* L.
    347. *L. nigra* L. Luce.
    348. *Linnaea borealis* L. Schmidt.
260. *Adoxa moschatellina* L.
    350. *Sambucus nigra* L. Luce und Ledebour.

## 39. Fam. *Rubiaceae*.

261. *Asperula tinctoria* L.
    352. *A. arvensis* L. Luce. Ledebour.
262. — *odorata* L.
    354. *A. cynanchica* L. Luce.

263. *Galium Mollugo* L.
264. — *uliginosum* L.
265. — *palustre* L.
266. — *boreale* L.
267. — *verum* L.
268. — *Aparine* L.
    361. *G. silvaticum* L. Lucc.
    362. — *rubioides* L. Lucc und Ledebour.
    363. — *spurium* L. Lucc.

## 40. Fam. *Valerianeae*.

269. *Valeriana officinalis* L.
270. *Valerianella olitoria* Mönch.

## 41. Fam. *Dipsaceae*.

271. *Knautia arvensis* L.
272. *Scabiosa Columbaria* L.
    367. *S. ochroleuca* L. Lucc und Ledebour.
273. *Succisa palustris* Koch.

## 42. Fam. *Compositae*.

274. *Eupatorium cannabinum* L.
275. *Petasites officinalis* Mönch.
276. *Tussilago Farfara* L.
277. *Aster Tripolium* L.
278. *Erigeron acer* L.
    374. *E. canadensis* L. Wiedemann und Weber.
279. *Solidago Virgaurea* L.
280. *Inula salicina* L.
    377. *I. Helenium* L. Schmidt.
    378. — *Britannica* L. Lucc und Ledebour.
    379. — *montana* L. Lucc.
    380. *Pulicaria dysenterica* Wiedemann und Weber.
281. *Bidens tripartita* L.
282. — *cernua* L.
    384. *Coreopsis Bidens* L. Lucc.
283. *Anthemis arvensis* L.
284. — *tinctoria* L.
285. *Maruta Cotula* DC.
886. *Ptarmica vulgaris* DC.
287. *Achillea Millefolium* L.

288. *Leucanthemum vulgare* DC.
    391. *Chrysanthemum segetum* L.   Luce.   Ledebour. Wiedemann und Weber.
289. *Matricaria Chamomilla* L.
290. *Tripleurospermum inodorum* C. H. Schultz.
291. *Artemisia campestris* L.
292. — *maritima* L.
293. — *vulgaris* L.
294. — *rupestris* L.
295. — *Absinthium* L.
296. *Tanacetum vulgare* L.
297. *Helichrysum arenarium* L.
    401. *Gnaphalium silvaticum* L.   Luce und Ledebour.
298. *Antennaria dioica* R. Br.
299. *Filago arvensis* L.
    404. *F. germanica* L.   Luce.   Ledebour.   Wiedemann und Weber.
300. *Senecio vulgaris* L.
    406. *S. squalida* L.   Luce.
301. — *Jacobaea* L.
302. — *paludosus* L.
303. — *campestris* DC.
    410. *Ligularia sibirica* Cassini.   Luce und Ledebour.
304. *Carlina vulgaris* L.
    412. *C. acaulis* L.   Luce und Ledebour.
305. *Centaurea Jacea* L.
306. — *Cyanus* L.
307. — *Scabiosa* L.
    416. *Silybum Marianum* L.   Luce und Ledebour.
    417. *Onopordon Acanthium* L.   Luce und Ledebour.
308. *Carduus crispus* L.
    419. *C. nutans* L.   Luce.   Ledeb.   Wiedem. u. Web.
    420. — *acanthoides* L.   Luce und Ledebour.
309. *Cirsium palustre* L.
    422. *C. lanceolatum* L.   Ledebour.
310. — *arvense* Scop.
311. — *oleraceum* L.
312. — *heterophyllum* L.
313. — *acaule* L.
314. *Lappa major* Gärtn.
315. — *minor* DC.

316. *Lappa tomentosa* Lam.
317. *Lapsana communis* L.
  431. *Cichorium Intybus* L.
318. *Hypochoeris maculata* L.
  433. *H. radiata* L. Luce.
319. *Leontodon autumnale* L.
  435. *L. hastilis* L.
320. — *hispidum* L.
321. *Tragopogon pratense* L.
  438. *T. porrifolium* L. Luce.
322. *Scorzonera humilis* L.
323. *Picris hieracioides* L.
324. *Lactuca muralis* DC.
  442. *L. virosa* L. Luce.
  443. — *Scariola* L. Werner. Ledeb. Wied. u. Web.
325. *Taraxacum dens-leonis* Desf.
326. — *palustre* DC.
327. *Crepis tectorum* L.
328. — *biennis* L.
329. — *praemorsa* Tausch.
330. — *paludosa* Mönch.
  450. *C. succisaefolia* Tausch. Ledebour.
331. *Mulgedium sibiricum* Lessing.
332. *Sonchus oleraceus* L.
333. — *asper* Vill.
334. — *arvensis* L.
  455. *S. maritimus* L. Luce.
335. *Hieracium Pilosella* L.
336. — *Auricula* L.
337. — *praealtum* Vill.
338. — *pratense* Tausch.
  460. *H. Nestleri* Vill. Ledebour.
339. — *cymigerum* Reichenb.
340. — *vulgatum* Fr.
341. — *murorum* L.
342. — *caesium* Fr.
  465. *H. molle* Jacq. Luce.
343. — *umbellatum* L.
  467. *H. alpinum* L. Luce.
  468. — *subcaudatum* L. Luce.

469. *Hieracium paludosum* L. Luce.
470. *Hyoseris radiata* L. Luce.

## 43. Fam. *Campanulaceae.*

344. *Jasione montana* L.
  472. *Phyteuma spicatum* L. Luce.
345. *Campanula glomerata* L.
346. — *Cervicaria* L.
347. — *latifolia* L.
348. — *Trachelium* L.
349. — *rapunculoides* L.
350. — *persicifolia* L.
351. — *patula* L.
352. — *rotundifolia* L.
  481. *C. Rapunculus* L. Luce.
  482. — *bononiensis* L. Luce. Ledebour.

## 44. Fam. *Vaccinieae.*

353. *Vaccinium Vitis idaea* L.
354. — *Myrtillus* L.
355. — *uliginosum* L.
356. *Oxycoccus palustris* Pers.

## 45. Fam. *Ericaceae.*

357. *Arctostaphylos officinalis* Wimm.
358. *Andromeda polifolia* L.
  489. *A. cacyculata* L. Luce. Ledebour. Johnson. Wiedemann und Weber.
359. *Calluna vulgaris* L.
360. *Ledum palustre* L.
  492. *Erica herbacea* L. Luce.

## 46. Fam. *Pyrolaceae.*

361. *Pyrola rotundifolia* L.
362. — *chlorantha* Sw.
363. — *minor* L.
364. — *secunda* L.
365. — *uniflora* L.
366. *Chimaphila umbellata* L.

### 47. Fam. *Monotropeae.*

367. *Hypopitys multiflora* Scop.
368. — *glabra* DC.

## C) Corolliflorae.

### 48. Fam. *Lentibularieae.*

369. *Utricularia vulgaris* L.
570. — *intermedia* Hayne.
371. — *minor* L.
372. *Pinguicula vulgaris* L.
    505. *P. alpina* L. Luce.

### 49. Fam. *Primulaceae.*

373. *Primula officinalis* Jacq.
    507. *P. elatior* Jacq. Luce.
374. — *farinosa* L.
    509. *Hottonia palustris* L. Luce. Ledeb. Wied. u. Web.
375. *Androsace septentrionalis* L.
376. *Glaux maritima* L.
377. *Trientalis europaea* L.
378. *Lysimachia thyrsiflora* L.
379. — *vulgaris* L.
380. — *Nummularia* L.
381. *Anagallis arvensis* L.
382. *Samolus Valerandi* L.

### 50. Fam. *Oleineae.*

383. *Fraxinus excelsior* L.

### 51. Fam. *Asclepiadeae.*

384. *Vincetoxicum officinale* Mönch.

### 52. Fam. *Gentianeae.*

385. *Erythraea Centaurium* Pers.
386. — *linariaefolia* Pers.
387. — *pulchella* Fr.
388. *Gentiana Amarella* L.
389. — *cruciata* L.

525. *G. ciliata* L. Luce.
526. — *verna* L. Luce.
527. — *acaulis* L. Luce.
390. *Menyanthes trifoliata* L.

## 53. Fam. Polemoniaceae.

529. *Polemonium caeruleum* L. Wiedemann u. Web.

## 54. Fam. Convolvulaceae.

391. *Convolvulus arvensis* L.
392. — *sepium* L.
393. *Cuscuta europaea* L.

## 55. Fam. Borragineae.

394. *Echium vulgare* L.
534. *Symphytum officinale* L. Luce und Ledebour.
395. *Anchusa officinalis* L.
536. *A. angustifolia* L. Luce.
537. — *tinctoria* L. Luce.
396. *Lycopsis arvensis* L.
397. *Lithospermum arvense* L.
398. — *purpureo-caeruleum* L.
399. — *officinale* L.
400. *Pulmonaria officinalis* L.
401. *Myosotis palustris* With.
402. — *caespitosa* Schltz.
545. *M. silvatica* Hoffm. Luce. Wiedem. und Web.
403. — *intermedia* Lk.
404. — *hispida* Schlecht.
405. — *stricta* Lk.
406. *Echinospermum Lappula* L.
407. *Asperugo procumbens* L.
408. *Cynoglossum officinale* L.

## 56. Fam. Solanaceae.

409. *Hyoscyamus niger* L.
553. *Datura Stramonium* L. Luce und Ledebour.
310. *Solanum Dulcamara* L.
311. — *nigrum* L.

## 57. Fam. *Scrophulariaceae*.

412. *Verbascum Thapsus* L.
413. — *nigrum* L.
        558. *V. Schraderi* Meyer. Bunge. Johnson.
414. *Linaria vulgaris* Mill.
415. *Scrophularia nodosa* L.
        561. *Digitalis grandiflora* Lam. Wiedem. und Web.
416. *Veronica scutellata* L.
417. — *Anagallis* L.
418. — *Beccabunga* L.
419. — *Chamaedrys* L.
420. — *officinalis* L.
421. — *latifolia* L.
422. — *longifolia* L.
        569. *V. spuria* Hoffm. Wiedemann und Weber.
423. — *spicata* L.
424. — *serpyllifolia* L.
425. — *arvensis* L.
        573. *V. peregrina* L. Wiedemann und Weber.
426. — *verna* L.
427. — *agrestis* L.
428. — *hederaefolia* L.
429. *Odontites vulgaris* Mönch.
430. *Euphrasia officinalis* L.
431. *Rhinanthus major* Ehrh.
432. — *minor* Ehrh.
        581. *R. Alectorolophus* L. Dr. Müller. Luce.
433. *Pedicularis palustris* L.
        583. *P. silvatica* L. Luce.
434. — *Sceptrum-Carolinum* L.
435. *Melampyrum cristatum* L.
436. — *arvense* L.
437. — *nemorosum* L.
438. — *silvaticum* L.
439. — *pratense* L.

## 58. Fam. *Orobancheae*.

440. *Orobanche major* L.
441. *Lathraea squamaria* L.

## 59. Fam. *Labiatae*.

442. *Mentha aquatica* L.
    593. *M. sativa* L. Luce.
    594. — *Pulegium* L. Luce.
443. — *arvensis* L.
444. *Lycopus europaeus* L.
445. *Origanum vulgare* L.
446. *Thymus Serpyllum* L.
    599. *T. alpinus?* Luce.
447. *Calamintha Acinos* L.
448. *Clinopodium vulgare* L.
449. *Nepeta Cataria* L.
450. *Glechoma hederacea* L.
    604. *Dracocephalum Ruyschiana* L. Schmidt.
451. *Prunella vulgaris* L.
    606. *P. grandiflora* Jacq. Luce.
452. *Scutellaria galericulata* L.
453. — *hastaefolia* L.
    609. *Betonica officinalis* L. Wiedemann und Weber.
454. *Stachys silvatica* L.
    611. *S. germanica* L. Luce.
455. — *palustris* L.
    613. *S. secta* L. Luce.
456. *Galeopsis Ladanum* L.
457. — *Tetrahit* L.
458. — *versicolor* Curt.
459. *Leonurus cardiaca* L.
460. *Lamium amplexicaule* L.
461. — *purpureum* L.
462. — *album* L.
463. *Marrubium vulgare* L.
464. *Ballota nigra* L.
465. *Teucrium Scordium* L.
466. *Ajuga reptans* L.
467. — *pyramidalis* L.

## 60. Fam. *Plantagineae*.

468. *Plantago major* L.
469. — *media* L.
470. — *lanceolata* L.
471. — *maritima* L.

## D) Monochlamydeae.
### 61. Fam. Chenopodeae.

472. Schoberia maritima L.
473. Salsola Kali L.
474. Chenopodium hybridum L.
475. Chenopodium urbicum L.
476. — album L.
477. — glaucum L.
478. Blitum rubrum Reichb.
479. — Bonus-Henricus C. A. Meyer.
480. Atriplex litoralis L.
481. — hastata L.
482. — calotheca Fr.
      645. A. portulacoides L. Luce.
483. — patula L.
484. — prostrata Bouch.
      648. A. hortensis L. Luce.
      649. — nitens Rebent. Johnson.
485. Obione pedunculata Moq.
486. Salicornia herbacea L.

### 62. Fam. Polygoneae.

487. Rumex maritimus L.
488. — obtusifolius L.
489. — crispus L.
490. — Hydrolapathum Huds.
      656. R. scutatus L. Luce.
      657. — acutus Sm. Luce.
491. — Acetosa L.
492. — Acetosella L.
493. Polygonum amphibium L.
      661. P. Bistorta L. Luce.
      662. — viviparum L. Jacobsohn.
494. — lapathifolium L.
495. — Persicaria L.
      665. P. minus Huds. Luce. Ledebour. Schmidt.
496. — Hydropiper L.
497. — aviculare L.
498. — oxyspermum Meyer & Bunge.
499. — Convolvulus L.
500. — dumetorum L.

### 63. Fam. *Thymeleae.*

501. *Daphne Mezereum* L.

### 64. Fam. *Aristolochiaceae.*

672. *Asarum europaeum* L. Luce. Johnson. Wiedemann und Weber.

### 65. Fam. *Empetreae.*

502. *Empetrum nigrum* L.

### 66. Fam. *Euphorbiaceae.*

503. *Euphorbia Helioscopia* L.
504. — *palustris* L.
 676. *E. Esula* L. Luce. Johnson. Wiedem. u. Web.
505. *Mercurialis perennis* L.

### 67. Fam. *Urticaceae.*

506. *Urtica urens* L.
507. — *dioica* L.
508. *Humulus Lupulus* L.

### 68. Fam. *Ulmaceae.*

509. *Ulmus campestris* L.
510. — *effusa* W.

### 69. Fam. *Cupuliferae.*

511. *Quercus pedunculata* Ehrh.
 684. *Q. Robur* L. Luce.
512. *Corylus Avellana* L.

### 70. Fam. *Betulaceae.*

513. *Betula alba* L.
514. — *pubescens* Ehrh.
515. — *nana* L.
516. *Alnus incana* DC.
517. — *glutinosa* Gärtn.

### 71. Fam. *Salicineae.*

518. *Populus tremula* L.
519. *Salix alba* L.
520. — *rosmarinifolia* L.

521. *Salix repens* L.
522. — *depressa* L.
523. — *aurita* L.
524. — *Caprea* L.
525. — *cinerea* L.
526. — *nigricans* Fr.
527. — *riminalis* L.
      701. *S. daphnoides* Vill. Wiedemann und Weber.
528. — *amygdalina* L.
529. — *fragilis* L.
530. — *pentandra* L.
      705. *S. glauca.* L. Luce.

### 72. Fam. *Myricaceae*.

531. *Myrica Gale* L.

### 73. Fam. *Coniferae*.

532. *Taxus baccata* L.
533. *Juniperus communis* L.
534. *Pinus silvestris* L.
535. *Abies excelsa* DC.

# II. Monocotyledonae.

### 74. Fam. *Hydrocharideae*.

536. *Hydrocharis morsus Ranae* L.
      711. *Stratiotes aloides* L. Johnson. Wiedemann und Weber. Schmidt.

### 75. Fam. *Alismaceae*.

537. *Alisma Plantago* L.
      713. *Sagittaria sagittaefolia* L. Luce.

### 76. Fam. *Butomeae*.

538. *Butomus umbellatus* L.

### 77. Fam. *Juncagineae*.

539. *Triglochin maritimum* L.
540. — *palustre* L.
541. *Scheuchzeria palustris* L.

### 78. Fam. *Potameae*.

542. *Potamogeton natans* L.
      719. *P. oblongus* Viv. Meyer. Bge. Ledeb. Schmidt.
543. — *gramineus* L.
544. — *lucens* L.
545. — *perfoliatus* L.
546. — *crispus* L.
      724. *P. fluitans* Roth. Luce.
      725. — *rufescens* Schrad. Wiedemann und Weber.
547. — *pusillus* L.
548. — *pectinatus* L.
549. — *marinus* L.
550. *Ruppia maritima* L.
551. — *rostellata* Koch.
552. *Zanichellia major* Böningh.
      733. *Z. palustris* L. Wiedemann und Weber.
553. — *polycarpa* Nolte.
554. — *pedicellata* Fr.

### 79. Fam. *Najadeae*.

555. *Zostera marina* L.
556. *Najas marina* L.

### 80. Fam. *Lemnaceae*.

557. *Lemna trisulca* L.
558. — *polyrrhiza* L.
559. — *minor* L.

### 81. Fam. *Typhaceae*.

560. *Typha latifolia* L.
561. *Sparganium simplex* Huds.
562. — *ramosum* Huds.
563. — *minimum* Fr.

### 82. Fam. *Aroideae*.

564. *Calla palustris* L.
565. *Acorus Calamus* L.

### 83. Fam. *Orchideae*.

566. *Orchis militaris* L.
567. — *ustulata* L.

568. *Orchis Morio* L.
569. — *mascula* L.
570. — *latifolia* L.
571. — *maculata* L.
572. — *Traunsteineri* Saut.
573. — *angustifolia* Wimm. et Grab.
574. — *sambucina* L.
    757. *O. fusca* Jacq. Luce.
    758. — *coriophora* L. Luce.
575. *Anacamptis pyramidalis* L.
576. *Gymnadenia Conopsea* L.
    761. *Himatoglossum hircinum* Rich. Luce.
577. *Platanthera bifolia* L.
578. — *chlorantha* Cust.
    764. *Coeloglossum viride* Hartm.
579. *Ophrys myodes* L.
    766. *O. Arachnites* Reichb. Luce.
580. *Herminium Monorchis* L.
581. *Cephalanthera ensifolia* Rich.
582. — *rubra* L.
    780. *C. pallens* Rich. Luce.
583. *Epipactis latifolia* L.
584. — *rubiginosa* Gaud.
585. — *palustris* Scop.
586. *Listera ovata* L.
587. — *cordata* L.
588. *Neottia nidus avis* L.
589. *Corallorhiza innata* R. Br.
590. *Sturmia Loeselii* Reichb.
591. *Malaxis monophyllos* Sw.
592. *Cypripedium Calceolus* L.
    781. *Nigella globosa* Reichb. Luce.
    782. *Goodyera repens* R. Br. Luce.

### 84. Fam. *Irideae*.

593. *Iris Pseud-Acorus* L.
    784. *I. sibirica* L. Schmidt.

### 85. Fam. *Smilacineae*.

594. *Paris quadrifolia* L.
595. *Convallaria majalis* L.

596. *Convallaria Polygonatum* L.
597. — *multiflora* L.
598. *Smilacina bifolia* Desf.

### 86. Fam. *Asparageae*.

599. *Asparagus officinalis* L.

### 87. Fam. *Liliaceae*.

600. *Allium ursinum* L.
      792. *A. vineale* L. Johnson. Wiedemann u. Weber.
601. — *scorodoprasum* L.
602. — *carinatum* L.
603. — *Schoenoprasum* L.
604. *Gagea lutea* L.
605. — *minima* L.

### 88. Fam. *Colchicaceae*.

606. *Tofieldia calyculata* Wahlbg.

### 89. Fam. *Juncaceae*.

607. *Juncus conglomeratus* L.
608. — *balticus* Willd.
609. — *effusus* L.
610. — *glaucus* Ehrh.
611. — *filiformis* L.
612. — *lamprocarpus* Ehrh.
613. — *Gerardi* Lois.
      806. *J. supinus* Mönch. Luce.
      807. — *acutiflorus* Ehrh. Wiedemann und Weber.
      808. — *squarrosus* L. Wiedemann und Weber.
614. — *compressus* Jacq.
615. — *bufonius* L.
616. *Luzula vernalis* DC.
617. — *campestris* DC.
618. — *maxima* DC.

### 90. Fam. *Cyperaceae*.

619. *Helaeocharis acicularis* R. Br.
620. — *palustris* R. Br.
621. — *uniglumis* Link.
622. *Scirpus Baeothryon* Ehrh.

623. *Scirpus caespitosus* L.
624. — *Tabernaemontani* Gm.
625. — *lacustris* L.
626. — *maritimus* L.
627. — *silvaticus* L.
628. *Eriophorum alpinum* L.
629. — *vaginatum* L.
630. — *angustifolium* Roth.
631. — *latifolium* Hopp.
632. *Rhynchospora alba* Vahl.
633. *Cladium Mariscus* R. Br.
634. *Chaetospora nigricans* Kunth.
635. — *ferruginea* Reichb.
636. *Blysmus compressus* L.
637. *Carex dioica* L.
638. — *Davalliana* Sm.
639. — *pulicaris* L.
640. — *chordorrhiza* Ehrh.
641. — *intermedia* Good.
642. — *arenaria* L.
643. — *vulpina* L.
644. — *muricata* L.
645. — *virens* Lam.
646. — *divulsa* Good.
647. — *teretiuscula* Good.
    843. *C. paniculata* L. Schmidt.
648. — *paradoxa* W.
649. — *ovalis* Good.
650. — *stellulata* Good.
651. — *elongata* L.
652. — *remota* L.
653. — *glareosa* Wahlbg.
654. — *curta* Good.
655. — *vitilis* Fr.
    852. *C. saxatilis* Scop. Lucc.
    853. — *atrata* L. Lucc.
656. — *stricta* Good.
657. — *caespitosa* L.
658. — *vulgaris* Fr.
659. — *acuta* L.
660. — *Buxbaumii* Wahlbg.

661. *Carex limosa* L.
662. — *pilulifera* L.
663. — *tomentosa* L.
664. — *montana* L.
665. — *ericetorum* Poll.
666. — *praecox* Jacq.
667. — *digitata* L.
668. — *orthopoda* W.
669. — *panicea* L.
670. — *sparsiflora* Staud.
671. — *glauca* Scop.
672. — *pallescens* Ehrh.
673. — *capillaris* L.
674. — *flava* L.
675. — *Oederi* Ehrh.
676. — *Hornschuchiana* Hoppe.
677. — *distans* L.
678. — *extensa* Good.
679. — *Drymeja* Ehrh.
680. — *Pseudocyperus* L.
681. — *ampullacea* Good.
682. — *vesicaria* L.
683. — *paludosa* Good.
684. — *riparia* Curt.
685. — *filiformis* L.
686. — *hirta* L.

## 91. Fam. *Gramineae*.

687. *Setaria viridis* L.
688. *Phalaris arundinacea* L.
689. *Hierochloa borealis* R. & S.
690. *Anthoxanthum odoratum* L.
691. *Alopecurus pratensis* L.
692. — *nigricans* Hornem.
693. — *geniculatus* L.
    892. *A. fulvus* Sm. Wiedemann und Weber.
694. *Phleum Boehmeri* Wib.
695. — *pratense* L.
696. *Agrostis alba* L.
697. — *vulgaris* With.
698. — *canina* L.

699. *Agrostis spica venti* L.
700. *Calamagrostis lanceolata* Roth.
701. — *epigeios* Roth.
702. — *stricta* Nutt.
703. — *silvatica* DC.
704. *Ammophila arenaria* Link.
705. *Milium effusum* L.
706. *Phragmites communis* Fr.
707. *Sesleria caerulea* Ard.
708. *Koeleria cristata* Pers.
709. — *glauca* DC.
710. *Aira caespitosa* L.
711. — *flexuosa* L.
712. *Holcus lanatus* L.
713. *Arrhenaterum avenaceum* P. d. B.
614. *Avena strigosa* Schreb.
      914. *A. fatua* L. Luce.
715. — *pubescens* L.
716. — *pratensis* L.
717. *Triodia decumbens* P. d. B.
718. *Melica nutans* L.
      919. *M. ciliata* L. Luce.
719. *Briza media* L.
720. *Poa annua* L.
721. — *nemoralis* L.
722. — *fertilis* Host.
723. — *sudetica* Haenke.
724. — *trivialis* L.
725. — *pratensis* L.
726. — *compressa* L.
727. *Glyceria spectabilis* Mert. & Koch.
728. — *fluitans* R. Br.
729. — *distans* Wahlbg.
730. — *maritima* Mert. & Koch.
731. — *airoides* Reichb.
732. *Catabrosa aquatica* P. d. B.
733. *Molinia caerulea* Mönch.
734. *Dactylis glomerata* L.
735. *Cynosurus cristatus* L.
736. *Festuca ovina* L.
737. — *rubra* L.

738. *Festuca gigantea* Vill.
739. — *arundinacea* Schreb.
740. — *elatior* L.
    942. *F. silvatica* Vill. Johnson. Wiedem. u. Web.
741. *Brachypodium silvaticum* R. & S.
742. — *pinnatum* L.
743. *Bromus secalinus* L.
    946. *B. arvensis* L. Luce.
    947. — *tectorum* L. Luce.
744. — *mollis* L.
745. — *asper* L.
746. — *inermis* Leyss.
747. *Triticum repens* L.
748. — *caninum* Schreb.
749. *Elymus arenarius* L.
750. *Lolium perenne* L.
    955. *L. temulentum* L. Luce.
751. — *arvense* With.
752. *Nardus stricta* L.

## Nachtrag.

Während sich vorliegende Schrift schon im Drucke befand, wurde von mir, zwischen Clausholm und Eoküll, in einem sumpfigen Laubwalde, die *Iris sibirica* L. in mehreren Exemplaren gefunden, wodurch die früheren, von Herrn Bruttan (s. Schmidt Flora des silurischen Bodens von Ehstland, Nord-Livland und Oesel, S. 99) und Herrn Werner (s. Wiedemann und Webers Beschreibung der phanerogamischen Gewächse etc., S. 23) gemachten Angaben sich bestätigt haben. Hierdurch würde sich also die Anzahl der auf Oesel wildwachsenden phanerogamischen Gewächse auf 753 stellen.

### Berichtigungen.

Seite 600 Zeile 3 von unten lies Kölln statt Kölle.
„ 610 „ 1 „ „ „ 607 „ 20.
„ 611 „ 2 „ „ „ Salm „ Solm.

## IV.
# Beitrag zur Flora der Insel Runoe.

Von Dr. Arthur Baron von Sass.

(Vorgelegt im November, 1859.)

Im ganzen Bereiche Liv-, Ehst- und Kurlands dürfte es schwerlich eine Länderstrecke geben, die in naturwissenschaftlicher Hinsicht weniger bekannt ist, als die kleine, in der Mitte des Rigaschen Meerbusens gelegene Insel Runö [1]).

Weit davon entfernt auch nur eine einigermassen vollständige Flora zusammenstellen zu können, werde ich mir im Folgenden nur erlauben die von mir während eines dreitägigen Aufenthalts gegen Ende des Junimonats 1859 auf dieser Insel angestellten Beobachtungen zu veröffentlichen. Während dieses kurzen Aufenthalts beeilte ich mich möglichst viele naturwissenschaftliche Data zu sammeln. Eine besondere Aufmerksamkeit wandte ich der Flora zu, indem ich alle sorgsam notirte.

Was die Naturverhältnisse Runö's im Allgemeinen anlangt, verweise ich auf die recht naturgetreue Schilderung

---

1) Nach der Angabe von C. Russwurm, in „Eibofolke, oder die Schweden an den Küsten Ehstlands und auf Runö." 1855. Bd. I, S. 47, liegt sie unter 40° 55' östl. L. und 57° 50' Br.

derselben im Inlande, Jahrgang 1851, S. 8, „Beschreibung der Insel Runö, in Schwedischer Sprache herausgegeben zu Tawastöhus in Finnland, 1847, von dem Prediger und Dr. phil. F. J. Ekmann, (welcher ein Jahr dem Predigtamte auf Runö vorgestanden), ins Deutsche übertragen, berichtigt und mit Zusätzen vermehrt von dem Pastor emer. G. Forssell." Auch dürften die entsprechenden Abschnitte in dem Werke von C. Russwurm „Eibofolke oder die Schweden an den Küsten Ehstlands und auf Runö", 1853, besonders im ersten Bande, S. 4, 8, 10, 16, 47, 48, 49, zu vergleichen sein.

In wenigen Worten ist es dem Herrn Professor Dr. Rathlef[2]) gelungen ein sehr naturgetreues Gemälde von Runö zu entwerfen. Er sagt: „Runö wird in ihrer östlichen Hälfte, von Norden nach Süden, von zwei parallel laufenden Hügelreihen durchzogen, die aus Sand bestehen und an einigen Stellen sich höher erheben. Im Osten fallen diese Sandberge[3]) steil zum Meere ab und geben einem Sandfelde längs der Küste Raum, im Westen senkt sich der Boden allmählich zum Meere. Der ganze östliche höhere Theil ist stark bewaldet, mit trefflichem Nadelholz bedeckt; während die westliche flache Seite aus Aeckern, Wiesen und Weiden besteht."

So viel mir bekannt ist, sind noch keine specielle botanische Beobachtungen über Runö veröffentlicht. Wir finden nur beiläufig hin und wieder einzelner Pflanzen erwähnt. Russwurm nennt gelegentlich die *Birke*, *Vogelbeere*, den

---

2) Dr. K. Rathlef, Skizze der orographischen und hydrographischen Verhältnisse von Liv-, Ehst- und Kurland. 1852, S. 122.

3) An der Nordküste, wo der Abfall bei Trapptaia am steilsten zum Meere ist, sind dies nicht nur Sandberge, sondern hier wird der Absturz durch ein lockeres graues geschichtetes Gestein, wahrscheinlich Schieferthon gebildet, unter dem sich Lager von einem im feucht-plastischen Zustande braunrothen Thon befinden. Von diesen anstehenden Gesteinen spricht auch schon Russwurm, Bd. I, S. 18.

*Ahorn*, die *Esche* und *Weide*⁴); an mehreren Stellen spricht er von dem Vorkommen des Nadelholzes. Ekmann nennt von Pflanzen die *Lilia Convallis* und *Orchis odoratissima*, ferner *Erdbeeren*, *Himbeeren* und *Schwarzbeeren*⁵), ausserdem noch *Tannen*, *Aeschen*, *Ellern*, *Birken*, *Ahorn*, *Weiden*, *Sperberbäume*, *Hasselstauden*⁶). In den Anmerkungen der Uebersetzung des Aufsatzes von Herrn Ekmann, nennt Herr Forssell⁷) noch die *Linnaea borealis*, *Kalmus*, *Wermuth*, *Chamillen*, *Arnika*, *Valeriana officinalis*, *Tormentilla erecta* und *Cardo-Benedict*. Dies sind die Ergebnisse der bis jetzt auf Runö angestellten und veröffentlichten botanischen Forschungen!

In botanischer Hinsicht kann Runö in zwei grosse Theile getheilt werden, nämlich den bewaldeten und den unbewaldeten Theil der Insel. Der bewaldete Theil liegt auf einem lockern, wellenförmigen Sandboden, der sich theilweise bedeutend erhebt, wie z. B. der Haubiärre. Dieser Wald besteht aus *Pinus silvestris* L. und *Abies excelsa* DC. Durchaus charakteristisch für diesen Theil der Flora ist das sehr dichte Vorkommen der *Linnaea borealis*, welche hier den Haupttheil der Vegetation bildet. Ausser ihr ist für den Wald stellenweise auch noch *Pteris aquilina* als eine Charakterpflanze zu nennen.

Für den unbewaldeten Theil der Insel dürfte die Strandflora auch hier eine bedeutende Rolle spielen. In der That finden wir auch unsere Strandpflanzen an den tobenden Ufern des Rigaschen Meerbusens. Ich nenne als hierher ge-

---

4) C. Russwurm „Eibofolke", S. 49.
5) Inland 1851. S. 165.
6) A. a. O. S. 343.
7) A. a. O. S. 165 in der Anmerkung.

hörig: *Geranium Robertianum* L., *Anthyllis vulneraria* L., *Aster Tripolium* L., *Plantago maritima* L., *Chenopodium album* L., *Atriplex littorale* L., *Rumex crispus* L., *Triglochin maritimum* L., *Scirpus maritimus* L., *Phragmites communis* Fr. und *Erythraea linariaefolia* Pers.

Die Wiesen sind dicht mit Gramineen und Cyperaceen bewachsen. Da, ungünstiger Umstände wegen, die Pflanzen dieser beiden Familien wenig oder fast gar nicht genauer beobachtet wurden, so erlaube ich mir die Insel Runö etwa besuchende Botaniker besonders auf die genaue Erforschung derselben aufmerksam zu machen.

Auf den Aeckern finden sich die meisten auch für Oesel charakteristischen Feldpflanzen vor.

Es folgt hier das Verzeichniss der von mir beobachteten Pflanzen. Ich erlaube mir noch den Wunsch beizufügen, dass dasselbe recht bald bedeutend sich vermehren möge, da ich dadurch das Ziel, welches ich durch diese Arbeit zu erreichen wünsche, nämlich auf die botanischen Verhältnisse Runö's aufmerksam zu machen, am besten erreicht haben werde.

# I. Phanerogamae.

## A. Dicotyledonae.

### a. *Thalamiflorae.*

#### 1. Fam. *Papaveraceae.*

1. *Chelidonium majus* L.

#### 2. Fam. *Cruciferae.*

2. *Thlaspi arvense* L.
3. *Sisymbrium officinale* Scop.
4. — *Sophia* L.

5. *Capsella Bursa Pastoris* Mönch.
6. *Sinapis arvensis* L.

### 3. Fam. *Violarieae*.

7. *Viola palustris* L.
8. — *tricolor* L. und zwar die Var. *V. arvensis* Murr.

### 4. Fam. *Sileneae*.

9. *Silene noctiflora* L.
10. *Githago segetum* Desf.

### 5. Fam. *Alsineae*.

11. *Sagina nodosa* L.
12. *Arenaria serpyllifolia* L.
13. *Stellaria media* Vill.
14. — *holostea* L.
15. *Cerastium vulgatum* L.

### 6. Fam. *Malvaceae*.

16. *Malva borealis* Wallm.

### 7. Fam. *Acerineae*.

17. *Acer platanoides* L.

### 8. Fam. *Geraniaceae*.

18. *Geranium sanguineum* L.
19. — *pusillum* L.
20. — *Robertianum* L.

### 9. Fam. *Oxalideae*.

21. *Oxalis Acetosella* L.

## b. *Calyciflorae.*

### 10. Fam. *Papilionaceae*.

22. *Anthyllis vulneraria* L.
23. *Medicago lupulina* L.
24. *Trifolium pratense* L.
25. — *repens* L.
26. *Lotus corniculatus* L.
27. *Vicia cracca* L.

### 11. Fam. *Rosaceae*.

28. *Spiraea Ulmaria* L.
29. *Potentilla anserina* L.
30. — *cinerea* Chaix.
31. *Fragaria vesca* L.

### 12. Fam. *Pomaceae*.

32. *Sorbus scandica* Fr.
33. — *aucuparia* L.

### 13. Fam. *Crassulaceae*.

34. *Sedum acre* L.

### 14. Fam. *Umbelliferae*.

35. *Aegopodium Podagraria* L.
36. *Pastinaca sativa* L.

### 15. Fam. *Caprifoliaceae*.

37. *Linnaea borealis* L.

### 16. Fam. *Rubiaceae*.

38. *Galium Mollugo* L.
39. — *verum* L.

### 17. Fam. *Valerianeae*.

40. *Valeriana officinalis* L.

### 18. Fam. *Compositae*.

41. *Tussilago Farfara* L.
42. *Aster Tripolium* L.
43. *Achillea Millefolium* L.
44. *Leucanthemum vulgare* DC.
45. *Artemisia campestris* L.
46. *Antennaria dioica* L.
47. *Senecio vulgaris* L.
48. *Centaurea Jacea* L.
49. — *Cyanus* L.
50. *Cirsium acaule* L.
51. *Lappa major* Gärtn.
52. — *minor* DC.
53. — *tomentosa* Lam.

54. *Lapsana communis* L.
55. *Leontodon autumnale* L.
56. *Picris hieracioides* L.
57. *Taraxacum dens-leonis* Desf.
58. *Hieracium Pilosella* L.

### 19. Fam. **Ericaceae**.
59. *Andromeda polifolia* L.

### 20. Fam. **Pyrolaceae**.
60. *Pyrola uniflora* L.

## c. Corolliflorae.

### 21. Fam. **Primulaceae**.
61. *Trientalis europaea* L.
62. *Lysimachia Nummularia* L.

### 22. Fam. **Oleineae**.
63. *Fraxinus excelsior* L.

### 23. Fam. **Gentianeae**.
64. *Erythraea linariaefolia* Pers.

### 24. Fam. **Borragineae**.
65. *Echium vulgare* L.
66. *Anchusa officinalis* L.
67. *Lycopus arvensis* L.
68. *Lithospermum arvense* L.
69. *Asperugo procumbens* L.
70. *Cynoglossum officinale* L.

### 25. Fam. **Solanaceae**.
71. *Hyoscyamus niger* L.
72. *Solanum Dulcamara* L.
73. — *nigrum* L.

### 26. Fam. **Scrophulariaceae**.
74. *Veronica serpyllifolia* L.
75. *Odontites vulgaris* Mönch.

76. *Euphrasia officinalis* L.
77. *Rhinanthus major* Ehrh.
78. — *minor* Ehrh.
79. *Melampyrum silvaticum* L.

### 27. Fam. *Labiatae*.

80. *Mentha aquatica* L.
81. — *arvensis* L.
82. *Prunella vulgaris* L.
83. *Leonurus Cardiaca* L.
84. *Lamium album* L.

### 28. Fam. *Plantagineae*.

85. *Plantago major* L.
86. — *media* L.
87. — *maritima* L.

## d. *Monochlamydeae*.

### 29. Fam. *Chenopodeae*.

88. *Chenopodium album* L.
89. *Atriplex littorale* L.
90. — *patulum* L.

### 30. Fam. *Polygoneae*.

91. *Rumex crispus* L.
92. — *Acetosa* L.
93. *Polygonum lapathifolium* L.
94. — *Persicaria* L.
95. — *aviculare* L.
96. — *Convolvulus* L.

### 31. Fam. *Empetreae*.

97. *Empetrum nigrum* L.

### 32. Fam. *Urticaceae*.

98. *Urtica urens* L.
99. — *dioica* L.

### 33. Fam. *Cupuliferae*.

100. *Quercus pedunculata* Ehrh.
101. *Corylus Avellana* L.

### 34. Fam. *Betulaceae*.

102. *Betula alba* L.
103. *Alnus incana* L.
104. — *glutinosa* Gärtn.

### 35. Fam. *Salicineae*.

105. *Salix.* Die einzelnen Species dieser Gattung konnten nicht genau bestimmt werden.
106. *Populus tremula* L.

### 36. Fam. *Coniferae*.

107. *Juniperus communis* L.
108. *Pinus silvestris* L.
109. *Abies excelsa* DC.

## B. Monocotyledonae.

### 37. Fam. *Juncagineae*.

110. *Triglochin maritimum* L.

### 38. Fam. *Orchideae*.

111. *Orchis militaris* L.

### 39. Fam. *Smilacineae*.

112. *Convallaria majalis* L.

### 40. Fam. *Cyperaceae*.

113. *Scirpus maritimus* L.

### 41. Fam. *Gramineae*.

114. *Alopecurus pratensis* L.
115. *Phleum pratense* L.
116. *Phragmites communis* L.
117. *Avena pubescens* L.
118. *Briza media* L.
119. *Dactylis glomerata* L.

## II. Cryptogamae.

### 42. Fam. *Equisetaceae*.

120. *Equisetum.* Wahrscheinlich mehrere Species.

### 43. Fam. *Polypodiaceae*.

121. *Pteris aquilina* L.

### 44. Fam. *Lichenes*.

122. *Cetraria islandica* Achar.